你並非一無所有

你還有病和未拆的快遞及未完成的夢想

萬特特

人生很多時候不是故事，
而是一個個的事故。

不過命運大多如此，
但如果這樣都沒有弄死你，

那它就會把你帶到更暖、
更明亮的地方去。

「真正屬於你的東西，
是不需要用痛苦來堅持的」。

這並不意味著過程中不會出現痛苦，
而是無論多麼難、多麼累，
你咬著牙做完之後都會獲得巨大的滿足，

是那份滿足和成就感在支撐你前行，
而不是痛苦本身。

不要沮喪、不必驚慌，
做努力爬的蝸牛或堅持飛的笨鳥。

真正有自己秩序的人，

不會在表面上

和這個世界的是非糾纏。

你能學會理解人性的複雜和命運叵測，

也有自己的原則、善良和溫度，

包容那些冰山之下藏的暗流，和他人不那麼清白的過往，
就已經不容易。

至於人間正義，有些你真的管不了，

那不是你來人間的任務。

世界上最不會說話的人，
一定少不了「男朋友」。

戀人是這個世界上
心離你最近的人。

可是明明一些芝麻小事，
不會說話的戀人卻偏偏給你拆臺，
給你當頭一棒，給你潑冷水，
給你講噎死人的大道理。
那還談什麼戀愛？
拜把子做兄弟好了！

理智的愛情，

是兩個人的時候有彼此，
一個人的時候有自己

當那個人不在你身邊的時候，
你可以更努力地工作、看書、聽歌、健身，
你悉心照料屬於自己的這片花園，
好在下一次相遇的時候，
可以發現彼此都變得越來越好，
那這段愛情，就是最好的愛情。

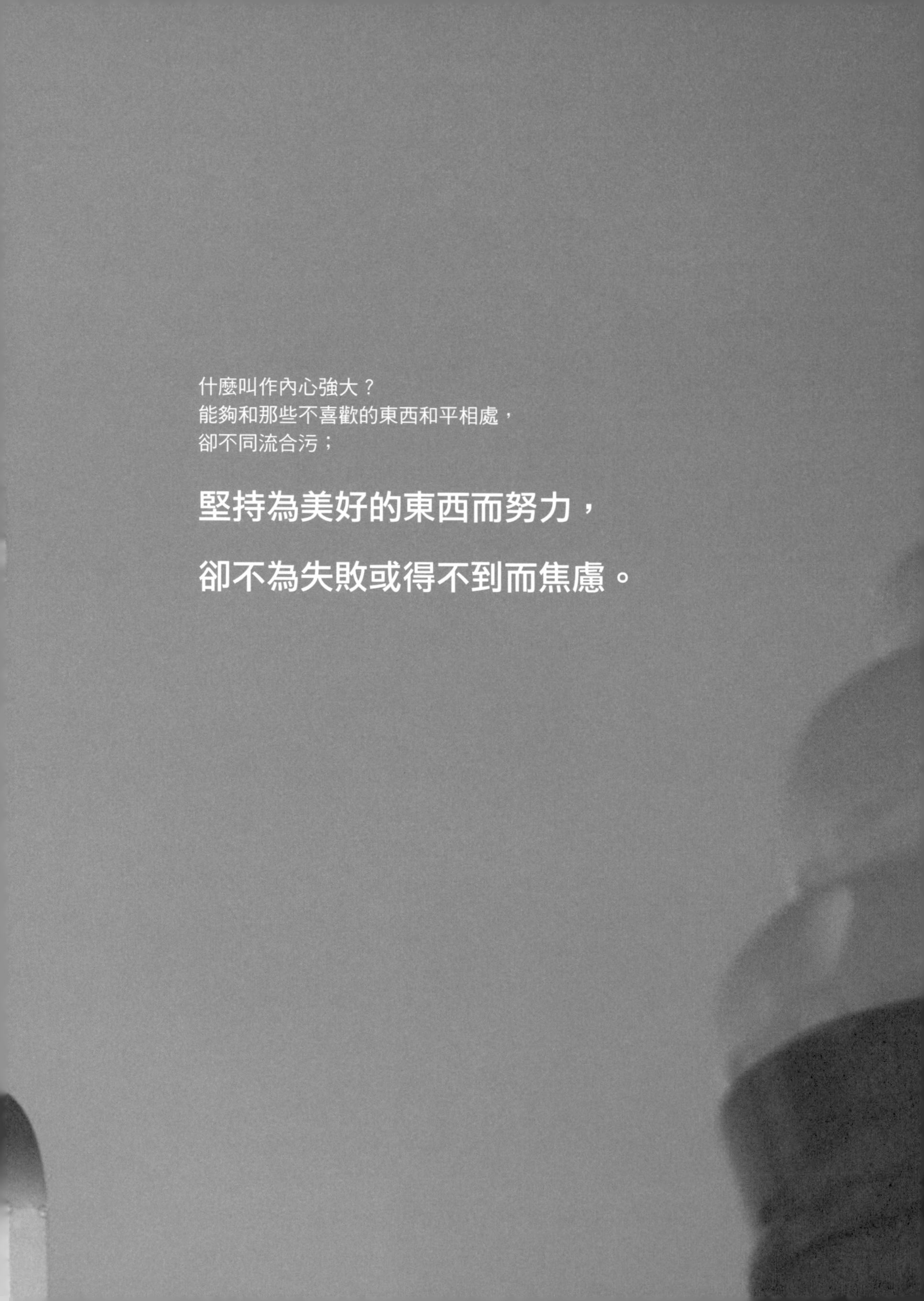

什麼叫作內心強大？
能夠和那些不喜歡的東西和平相處，
卻不同流合污；

堅持為美好的東西而努力，

卻不為失敗或得不到而焦慮。

凡是經歷的，都是你的人生養分。
分叉的頭髮記得剪掉，離開你的人，就讓他走吧。
不必再苦苦追問，他們也會成為別人世界裡的前任。

沒有句點已經很完美了，
何必誤會故事沒說完。

畢竟，愛情和人生，都要試錯。

對前任最好的告別，
是你過得好與不好都不必讓我知道。
愛過就夠了，餘生就算了，
這一世的緣分已盡，
我很好，你隨意。

foreword

推薦序

／

臨床心理師
洪仲清

你並非一無所有，你還有自己！

我這幾年常在臉書上，跟世界各地的朋友討論各種書。粗略估計，包括童書繪本，看過的書大概上千本。有些書會摘取精華分享在臉書版面，有些會進行直播討論，有些會寫推薦序，所以在某一本書上花好幾個小時反覆翻閱是常有的事，像這樣的書超過百本。

我介紹過學者、實務工作者、現身說法的當事人、作家的作品，看了好多案例與故事，還有採用不同研究方法得出來的實徵資料。盡可能吸取智慧的我，到現在依然對人生感到迷茫。

要能生存，通常一個人要有基本的努力。

可是，除了努力，還有際遇、身體狀況、所處環境的時空脈絡……，這些對一個人的影響，也常複雜到難以釐清。以我為例，我喜歡讀書，但十年前我完全不知道，接下來我會在字裡行間度過如此多的歲月，這並非我立下志向就做得到，中間有太多我無法控制的因素湊巧碰上才能成立。

所以當一個人提出的某個主張，太過簡單絕對，好像照著做就能成功，我通常會保持警覺——儘管這樣過度簡化的說法，有時相當受到大眾歡迎。尤其我的專業，常讓我體驗到人間的無奈，知道很多困難，我們只能提供當事人耐心的陪伴。

作者萬特特不同凡俗的地方是，儘管她的眼光很務實，又能留有空間，容許生命有各種轉折變化。她展現出超齡的彈性，思想清新獨立。她保有鮮活的人性，不硬要把自己雕塑成一個常人難以企及的勵志榜樣。

她就是直白述說著對這個世界的看法，真誠做自己，認不認同隨便你。但做自己可不是任性，而是先有了界線，再對人付出能力所及的關心。

好好生活，而不是得過且過，這世界才會可愛，人才有故事有盼望有熱愛。

閱讀萬特特的書，我常懷感恩，因為她能帶著我進入特定的心境。她特別關心剛出社會到三十幾歲這段時光，或許是她本人也正在其中求生存掙扎中。這段是人生的重要轉折，不管是求職就業與關係經營，都可能為往後幾十年奠定基礎。

她的語氣離溫婉暖心有段距離，可是她叫人認清現實，這是她的真情意。

我們到了一定的年紀，心裡的傷口就不輕易向人揭開，因為認知到多的是伺機撒鹽的人。但萬特特願意討論她的脆弱，告訴你，她曾經怎麼走過，冀望你可以少點痛。

現代人很寂寞，我在臉書上跟人討論書，常感受得到這種淒楚。有些人就算今天過得滿腹委屈想找人哭訴，回頭環顧四週，其實也沒有誰會同情、會在意。那種似乎被世界遺忘的恐慌，真的很難隱藏。

萬特特不太像啦啦隊，她像一個說故事的人。讓人聽了幾個精彩的故事，心神安定些了，她接著告訴你，跌倒了，要想活著，只能含著眼淚站起來往前方找路，這是她的親身經歷。

就算再怎麼失落，你並非一無所有，你還有你自己，能好好在乎自己的自己。一個好的作者，能在千言萬語的最後帶著我們回到自己心裡，祝願您在萬特特的陪伴下，永遠找得到自己！

preface

自序

／

萬特特

你以為完美是人生的常態，這才是最可怕的錯覺！

你對別人的痛苦有一種惡魔式的暗爽，對自己的過錯有一種天使般的善良。你間歇性地認為自己「沒比別人差多少」，又持續性地覺得自己「好像什麼都不太行」。

你對自己沒有的滿是覬覦，對自己擁有的滿是懷疑。你對已經得到的熟視無睹，對已經失去的心生悔意。

你經常將夜色熬成一鍋粥，再配上「勵志」、「焦慮」、「孤獨」、「迷茫」幾碟小菜，吃得津津有味。將成長的煩惱煮成一碗麵，再撒一些「上進心」、「自尊心」、「玻璃心」來調味，小心翼翼地細嚼慢嚥。

你收藏了很多勵志的文章，卻日復一日地頹喪著；你的衣櫃都塞滿了，卻還是覺得沒有衣服穿；你外向孤獨，時常拖延；你對職業倦怠，對手機充滿依賴；你經常原諒別人，卻很少原諒自己；你想要及時行樂，但無奈是懶癌晚期患者。又懶又頹喪又不聽勸，說的就是你本人。

你並非一無所有，你還有病，還有未拆的快遞和未竟的夢想，還有愛而不得的人和求而不得的事，以及一筐又一筐食之無味、棄之可惜的雞肋。

費斯汀格法則指出：生活中的一〇%是由發生在你身上的事情組成，而另外的九〇%，則是由你對所發生的事情如何「反應」所決定。

這些反應很多都是你對世界的誤解。當你處在一個「螳螂捕蟬，黃雀在後」的生物鏈中，欲望就會成為左右你的力量。當你的認知裡有太多的曲解和誤判時，你對世界的好感就會蕩然無存。

這些反應很多都是你對人生的誤讀。欲望和你滿足欲望的能力，就是最大的矛盾，為了共存而相互妥協，別讓自己的人生被過度的欲望透支，這是最好的生活哲學。

「完美」是一場成本很高、代價很大的角逐，請相信一定有人能做到，但那個人未必是你。

這些反應很多都是你對自己的誤信。你自以為了解自己，高估了自己對「將就」的人生的忍耐力，又低估了對想要的人生的嚮往。很多時候，你所以為的，真的只是你以為的，永遠不要低估自己的無知，哪怕是滿心善意、一臉無辜。

沒有人能僅憑藉想像就得到自己想要的生活，更不要以「己見」來揣度世界、蒙蔽自己。

我不會給你「你很好，只是這世界很糟糕」這樣於事無補的安慰，請你別對命運有太多不切實際的期待。這世界上不只你一個人有低潮期，每個人都有自身的局限，在漫長的人生長河裡，老天不會獨獨放過誰，每個人都要經受挫折和傷痛。不信你去網路上各大愛情、心理社團裡看看，每篇貼文都值得我們懷疑人生的。

但也無需為現狀憂心忡忡，那些「病」就像是一次流感，又有誰能說自己不曾有過呢？

如果生活不時常崩壞幾次，你會誤以為完美是人生的常態，這種錯覺，才是最可怕的。

這本書是給自己壓壓驚、找回生活節奏、修補生活漏洞的輕鬆哲學。書中所謂的「病」，不過是我們長長一生中短暫的暗淡時刻。請不要向著更暖、更明亮的地方走去，一切終將被治癒。

Introduction

前言

這世界依然很煩，請多給自己一點耐性

1

成為大人的本事，越痛越不動聲色

人為什麼懂事，是因為沒有一個可以在他面前肆意示弱的人，環境所迫沒有別的選擇，必須懂事。

在許多個我們試圖要卸下外殼的一刻，被告知「不許哭」、「會丟人」，然後我們憋著試圖堵住難過的傾瀉，逼迫著自己變成一個不太容易難過，或者說根本不敢太難過的人。

成年人的世界，早已無師自通學會了一項本領：越痛越不動聲色，越苦越保持沉默。或許，你也曾窺見一絲絲痕跡，但不會覺得很奇怪，因為你也正是這樣的成年人。

2

沒有活成想要的樣子，請多一點耐心

社交網路上，「焦慮」這兩字儼然成為爆款熱文收割流量的利器。很多人並沒有殺死焦慮，而是適應了這個時代的節奏。你開始相信等待跟蟄伏都是有用的，那些屬於你內在的強大力量，那些日夜積累起來的點滴能力，那些從別人故事裡拿過來自己重新組建過的價值觀，才是讓你對抗這種「感覺一切都來不及」的慌張的力量所在。

當你沉潛於學習、工作、生活中，不在意周圍各種各樣的聲音，而是專注於提煉純度更高的自己時，你就會在這個過程中，慢慢發現自己想要成為一個什麼樣的人，而你要給自己一點耐心。

3

你得先走進世界，才能找到自己的世界

勵志雞湯告訴我們「實力就是王道」、「只要自己強大就能得到一切」，以及「無需取悅他人，更不要為了合群而改變自己」，卻不知道我們從書本裡走出來，走到接地氣的世俗裡，有一種東西叫作「人情往來」。

自我、特立獨行，是我們這一代人的標籤。

我從前認為它是特點、是個性，可是這些年遇見了很多合群和不合群的人，我越來越發現，在大環境下，不合群是一個缺點。你會因此錯失機會、丟失人脈。你得先走進世界，才能找到自己的世界。

年少的時候，我們對一切不按光明規則行事的人

深惡痛絕。那時的我們不明白，這世間哪有一塵不染的人，成年人的世界也沒有那麼多的清白。

別在人性上輕易懷疑別人，也別在道德上過於高看自己。

真正有自己內心秩序的人，不會在表面上和這個世界的是非糾纏。你能學會理解人性的複雜和命運叵測，也有自己的原則、善良和溫度，包容那些冰山之下潛藏的暗流和他人不那麼清白的過往，就已經很不容易了。

至於人間正義，有些你真的管不了，那不是你來人間的任務。

4 如果賺錢也要別人催，你一輩子也就這樣了

錢重要嗎？

我想等你真正擁有了它，才有資格說它不重要。

所有的選擇困難症，都是因為窮。窮困帶來的最大的痛苦，是根本沒有選擇「要」或者「不要」的權利。擺在面前的只有一條路，那就是要不了。你要用錢來給這個膚淺的世界看，讓它知道，你不是好欺負的，你是可以選擇生活、可以做自己的。

錢買不來所有的快樂，但錢能在你和快樂之間搭上一座橋，讓你踏踏實實地走在上面，走向另一端的美好。

如果賺錢也要別人催，那你一輩子也就這樣了。

5 最可怕的不是「前任」，而是找不到自己

常有女孩私訊我，痛斥男友負心，大吐委屈，最後都免不了問我一句：「我該怎麼辦才好呢？」

怎麼辦？當然是抓緊一切可以塑造自己的機會，過得比他好啊。

我們通常會撂下狠話「往後每一天我都祝你過得不好」、「你傷了別人的心遲早是要還的」，像是願意用一切代價，讓他過得不好，才夠痛快解氣。

可是當那些讓人脊背發涼的詛咒說完之後，他還是一樣過著他的生活，半點未受影響。對於後來的我們來說，或許正是曾經錯過了誰，才找到了後來自己更想要的人生。

最可怕的不是前任，而是找不到自己。

6

愛情裡的再見，是一句「我放下了」

誰沒有過在臉書中循著蛛絲馬跡，偷窺前任男友或女友的經歷。哪怕我們心裡明鏡似的，這人早與我無關了，卻還是忍不住去瞧瞧，沒有我的後來他究竟過得怎麼樣。

總以為來日方長，總以為說再見這回事很容易，但到頭來，你才知道，愛情裡的再見，不是什麼真正的悄無聲息，而是自己熬過了那麼多深夜，換來了一句「我放下了」。

7

努力不是表演給別人看，不需要鎂光燈

你有沒有發現，很多時候，我們加的不是班，是自我安慰。

努力的過程通常是不具備說服力的，它沉悶、無味、平凡。

偶爾自我鼓勵鼓勵就好，沒必要當作天大的事情自我感動，不要把自己的辛苦看得那麼重要。騙自己的時間久了，也會將一些不存在的事誤以為真。最終，我們在不知不覺中辜負自己的生命，同樣也辜負自己最好的時光。

「努力」不是一場盛大的舞臺表演，更像一場孤獨的奮鬥，不需要鎂光燈一直打在你身上，也不需要那麼多的觀眾站在臺下為你鼓掌。

嘰嘰喳喳吵著要別人幫你加油的人，往往會把事情搞砸，而那些真正努力的人可能什麼都沒說，只是低頭默默把所有事都做好了。

給自己一個完整的交代，給別人一個驚豔的結果，成就感遠大於長篇贅述後的自我感動。

8

你不強大，認識誰都沒用

積極社交並不能讓人躍升層次，只有當你真正變優秀，跟那些厲害的人在同一個層次，你的社交才能真正有效。

證明你擁有的人脈，不是你朋友圈裡有多少和厲害大咖的合影，而是當你遇到問題時，有多少人願意幫你；決定你朋友圈層次的，不是你和誰握手、拿到名片，而是你自己有多少本事。

人脈不在別人身上，而藏在你自己身上，唯有你變得厲害，才能交到厲害的朋友。

二十歲的時候，我們以為多個朋友就會多一條出路，等你到了三十歲就會知道，朋友和愛情一樣，都無法真正地拯救你。

只有當你真正變優秀，跟那些大咖在同一個層次，你的社交才能真正有效。不然你那不叫人脈，叫做通訊錄。

這世界很可愛，別急著失望

承認吧，我們都是在深夜裡崩潰過的俗人，沒有哪一趟險途不是讓人遍體鱗傷的。考試落榜、四處求職無果、工作上替別人揹了黑鍋、一個人深夜頂著高燒去醫院打點滴、相戀多年的人說不愛就不愛了……。

但上天為我們安排這些磨難與挫折，並不是想考驗我們能否一笑而過，原地滿血復活，太多的經歷我們都不可能睡一覺之後便能從容面對，這些磨難的安排其實是讓你學會去承受痛楚的。

無論你在那些突如其來的艱難到來時如何咬緊牙關，總會在某一個瞬間覺得難以抵擋。沒關係，你可以在沒人的地方痛苦一會兒。與其為過去的人和事折磨損耗自己，不如好好大哭一場，然後拍拍裙擺上的灰塵，繼續往下一個路口奔跑。

有時候擁抱負能量是比宣揚正能量還需要勇氣的。因為清楚地知道自己不會被一時的痛苦打倒，即使被痛苦沒過頭頂，也依然清楚地知道，悲傷過後，依然可以像從前一樣站起來。日子還是要繼續，悲痛總會過去，你終究會自己走出來。

一個人不能活得太容易，但也別把自己逼得太狠，你要有界線。

畢竟人並不是因為強大而刀槍不入，相反，人往往是因為強大而敢於脆弱。

在世間摔打很多年，願你依然還有被感動的能力、流淚的能力、脆弱的能力，以及永遠溫柔地看待這個世界的能力。

故事還長，別急著失望。

什麼叫「萬死不辭」，
就是每天被氣死一萬次，

仍然不辭職。

contents

Part one 1
給感到不安的你

2

Part two
給沒有自信的你

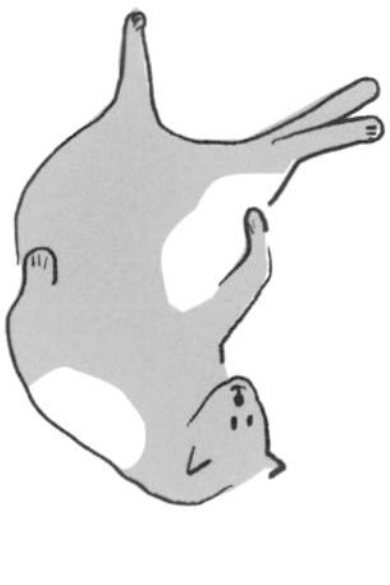

3

Part three

給害怕貧窮的你

4

Part four

給欲望失衡的你

I'm
TIRED

1

Part one

給感到不安的你

無奈式寬容——

不肯放過是病，太容易原諒也是一種病！

特語錄

馬東說：「隨著時間的流逝，我們終究會原諒傷害過我們的人。」

蔡康永回道：「那不是原諒，那是算了。」

如今道歉似乎成了「護身符」和「滅火器」，

但做錯事並不是認錯並道歉就可以結束，

你要在道歉之後，接受對方負面情緒的反撲，

哪怕結果是不原諒或從此斷絕關係，你都要接受這個結局。

我讀書的時候數學成績很差。上課有聽，題目有做，可是每次月考，成績只在及格邊緣。說句實話，我對數學是沒有興趣的。那時候我愛看散文和小說，同學們大多在看漫畫書和言情小說，沒有同學願意跟我互換課外書，他們嫌我看的書無趣。

那時候我們班學霸很多。一個從外地轉學來的男孩，長得很好看，皮膚很白，有種乖乖的英俊感。他愛打籃球，每次上體育課都是第一個衝出教室的。他特別聰明。數學拿高分就不說了，就連比較難的題目都是靠心算，不怎麼動筆，只到最後關鍵的幾步才稍微拿計算紙寫一寫。我想，老師應該都很喜歡看到這種考卷，寫得整整齊齊、思路清晰。這樣的學霸，把數學不好的我襯托得更加明顯。

巧的是，數學老師特別喜歡叫我這樣的學渣回答問題。而我極少有答對的題。有許多次，老師當著全班同學的面對我說：「你是不是豬腦袋，我看你就算重讀十年，還是不會做這道題！」「這樣的成績，以後出來只能是個出苦力打工的。」「你來念書真是浪費學費。」我經常聽到比這難聽十倍的話。

在課堂上站起來答不出問題，還要被老師數落，同學都看著你的那種尷尬、難堪，想必每個念過書的人都能懂。但我當時覺得，老師那天可能是心情不好，說重了話。可是後來，沒有過分，只有更過分。

考試成績一出來，她就大聲念出我的分數，並在全班同學面前說：「這樣的成績，能不能上高中都不一定！」

有一次，午休剛結束，我正在整理書桌，數學老師把我的作業本「啪」的一下拍到我的腦袋上，我起來後眼前一陣黑，頭也一陣暈。她狠狠瞪了我一眼，轉身離開。後來，上課一答錯題，老師就讓我去教室的最後排罰站，讓我站著改錯題，改不對不能吃午飯。再後來，她不再教我們班數學了。

這件事情雖然過去了許久，但那位數學老師的模樣，我卻記得清清楚楚。沒有人可以是一個無底的罐子，收納難以計數的惡語中傷，以及或有意或無意的誤會曲解。

對於那時十五歲的我來說，世界很小，在意的事很少，讀書成績不好，簡直堪比世界末日。連社會的門都還沒摸到，就會在心裡想「如果成績不好，以後會不會成為乞丐啊」。

如今想想，讀書只是人生中的一部分，某一科成績不理想，更只是這一部分裡的一小部分。真的需要因為一科成績而受虐終生嗎？

有一年春節舉辦畢業後第一次聚會，那位數學老師也應邀參加。席間，每位同學站起來發言，大多是感謝恩師當年培養教育的客套話。到我的時候，我還沒開口，數學老師先說：「聽說我們班出了位作家，真是了不起，老師從前對你太嚴厲了。」

嚴厲這個詞用在老師的身上，總像是一種美德。可惜我不想要。「沒什麼太多想說的，只是多年後再見到同學很開心。」然後我便坐下來。同學和老師們面面相覷，大概是覺得「感恩」的話到我這斷了片，破壞了氣氛吧。

聚會結束，大家一一跟老師們告別，除了我。我不認為自己是個記仇的人，但如今偶爾想起，我都會責怪自己當時為什麼要忍著？為什麼不能在她用作業本打我的時候，站起來表達自己的憤怒？為什麼要那麼聽話，因為一道解錯的題餓著肚子？

如果能夠回到從前，我一定告訴當時的自己：「不會解方程式、不會算奧林匹克數學競賽的題目，天不會塌，更不會要了你的命。管它幾何是圓是方，你喜歡什麼就去學什麼，不要膽怯，不要委屈。」

到了今天，我依然是那個數學不好的女孩，可是沒關係了。

那些難以挨過的黑暗與難過，那些無法排遣的絕望與無力，都真切地造成過傷害。無論我最後怎樣擺脫了那些，變得堅強變得獨立，那都不是應該誇耀苦難的理由。

有些人無法釋懷，那就不釋懷。有些傷害即便時隔多年，仍做不到心無芥蒂、若無其事地親近。

去年，朋友Ella和老公一起開了一家教育輔導學校。因為剛剛創業，師資不夠，她幾次找到我，問我能不能幫她代上語文閱讀輔導課。這個忙當然要幫，於是每個週末我都會擠出時間去上課。

每次遇到有學生表現出對語文不感興趣，或者教了幾遍還是無法答對的時候，我都會說：「沒關係，每個人都很棒，我們再來講一遍。」

多少傷口看似完整平靜，可每當風吹過，還會泛起細細裂痕，暗暗疼痛。不必感激傷害你的人，他們只是提醒了你，不要成為那樣的人。

#

因為工作原因，我認識了一位同事H先生，話不多，戴著一副銀色邊框眼鏡。和H先生接觸不多，但很快我卻發現他有個很奇怪的特點，就是說話的時候，總是帶著奇怪的腔調，這腔調說的並不是地方口音，而是那種讓人聽了很不舒服的話。

比如，辦公大樓下有肯德基、星巴克、必勝客這些並不稀奇，早餐大多也就在此選擇。有天早上我買了一杯冷萃咖啡，剛進辦公室，他說：「中杯也要將近一百六十元吧，太奢侈了。」我勉強擠出一點笑。再比如小組聚餐吃自助式日本料理，他再次酸溜溜地說：「幸好不用AA制，不然我可付不起。」

一個男生，話裡話外總是這麼嘰嘰歪歪，時間一長，大家有活動自然不會找他一起。還有一個叫Sam的男生，大家都願意和他做朋友。Sam來公司的時間不長，但性格開朗，各個部門的哥哥姐姐們都很喜歡他。

午飯的時候，Sam總是邀H先生一起，「走吧，兩個人比較好點餐，不然我一個人不知道吃什麼。」下班總是讓這個男生搭自己的車，即便不是完全順路，要多拐兩個路口。男生租屋合約到期，還在Sam的家裡短暫寄宿過一段時間。

按理說，男生和男生之間的友誼應該更牢靠一些。

有次，Sam 剛把資料列印出來，保全就上來說 Sam 的父母來看他，讓他下樓去接。父母從外地來看自己的喜悅，每個在異鄉的人都明白。Sam 把資料給這個男生，說：「幫我交給組長，我先出去一下。」大家說讓他把父母帶上來坐著歇會兒，畢竟七月的北京如蒸籠一般。

我去茶水間的時候路過列印室。巧的是，我眼睜睜看見H先生一邊看資料，一邊一張張塞進碎紙機。我愣了，隨後上去阻止，「Sam 說這個是要給組長的。」H先生看我突然出現也很慌張，「太熱了，腦子都不轉了，我以為是要銷毀的。」

回到座位上，我越想越覺得哪裡不對勁。我問鄰座同事：「剛剛 Sam 的資料是什麼？」

「是一個關乎上半年考核評估的企劃吧。」

「哦。」

「是不是那個男生把資料怎麼了？」

「你怎麼知道？」我瞪大了眼睛。

「同事之間，很難有真友誼的。小女孩，別太驚訝。」

聽說後來 Sam 知道了這件事，是誰告訴他的，不得而知。只知道後來兩人關係生疏到在電梯裡碰面也只是假笑，維持表面的和平共事。

我離開那家公司後，有次約老同事出來喝下午茶。他們說，那個男生後來在公司常對 Sam 耍手段陷害，最後導致 Sam 在一次次表現不佳的情況下，被勸退離職。

不過故事還沒有結束。一年後，那個男生因為在項目中拿回扣而被公司開除，再次面試其他公司時，戲劇性的一幕出現了，面試官中有一位就是 Sam。

據說，面試結束後H先生攔下 Sam，想解釋當年的種種「誤會」，並為 Sam 被勸退的事道歉。

Sam 冷冷地回：「道歉是你的事，可是我不原諒你。公司用人制度公平，我無法決定你是否面試成功。就這樣吧。」最後，那個男生放棄了這家公司的入職機會。

之前一起工作的人，每每聊起這件事，都表示大快人心。這不是一件人命關天的大事，頂多是一個小辦公室的內鬥故事，卻讓我記了許多年。

我是贊成 Sam 的做法的。

我不喜歡聽男人就要胸懷寬廣這種話，更厭煩「別人都道歉了，還想怎麼樣」的說辭，我們都是人，是普通人。說吃虧是福的人，想必沒吃過什麼虧吧。如果始作俑者的道歉，不過是為了求得他自己的心安。你原諒了他，誰來體諒你呢？沒要他賠償精神損失費就很好了，原諒，憑什麼？

那個道歉的人，他是真的後悔還是故作姿態，都是他的事，與我們無關。他後悔不代表別人的傷痛就會好，他道歉不代表曾經的傷害就沒發生，他痛改前非也不代表時光就會倒流。

真的不用自欺欺人，以寬容乃至感謝的名義美化別人對自己的傷害，醜陋的傷疤，無論如何也不會開成一朵好看的花。

生活中很多人過得不好，不是不懂得原諒，反而是太容易原諒別人。不肯放過是病，太容易原諒也是一種病。不輕易原諒一個人，不輕易釋懷一件事，是對自己的一種警醒、一種保護。

#

時過境遷，當我們再想起過去的糾纏、痛苦、悲傷或是憤怒都彷彿已被弱化，我們懶得再去打罵、去吵、去歇斯底里地爭對錯。

當你誤以為那就是原諒，其實不過就是算了。在人間謀生，要學會讓自己的情緒收支平衡。

終究得學會往前看，但也沒必要假裝聖賢，委屈自己去接納曾經所有的傷害。不報復糾纏，也不逼著自己去原諒，不用別人的錯誤來懲罰自己。前路還長，不在意，就是一種最好的放下。

「算了」的意思大概就是：我沒有原諒你，我只是放過了自己。

有的人在你心上捅了一刀，拔出來的時候還順帶拐了幾個彎，疼得你眼淚止不住地流，疼得你差點就跪下了。這種痛苦要是能忘記，你的心還真大。別聽別人說什麼痛苦和傷害是財富的鬼話，痛苦就是痛苦。原諒跟大不大度沒關係，每件事的傷害指數不同，每個人的底線也不同。

我們本來可以自由生長，我們應該屬於花園，每朵花都應該開在它想開的時候，如果不得已，讓我們在一個角落委屈地綻放，那也不要去感激將我們移植出沃土的那些人。

「算了」不是寬恕別人，而是對自己的溫柔。

對於傷害，可以選擇淡忘，可以不再和他們計較，但惡意就是惡意，披上再多美麗的外衣，還是惡意。

運氣不佳，遇人不淑，沒什麼值得感激的。如果真的要感謝，我們就去感謝那些曾經在我們受傷時，給予溫暖和陪伴的人，還有忍痛走出來的自己吧。

傷害本身並沒有什麼意義，讓它變得有意義的是我們的堅強；傷害我們的人也從來沒想過讓我們成長，真正讓我們成長的是自己的反思和選擇。

該分手分手，該扔掉扔掉，該拒絕拒絕，該絕交絕交，拖拖拉拉、不清不楚的都是因為自己還下不了狠心。別動不動就想著要去原諒，有時候是自己沒資格，有時候是別人不值得。

對那些傷害過我們的人，不必落井下石，不必耿耿於懷，因為你的愛與恨都很珍貴，不要給不值得的人。也不要委屈自己去原諒和寬恕，那是上帝的事，不是你的。

當有一天，你得知他們過得並不好時，你可以說一句「無所謂了」，也可以不動聲色，輕描淡寫地說一聲「活該」，然後早日開啟「愛怎樣就怎樣」的快意人生。

職場倦怠期——

讓你疲憊的不是工作，而是工作中遇到的人

特語錄

什麼叫「萬死不辭」，
就是每天被氣死一萬次，仍然不辭職。
有時累的不是工作，累的是平衡情緒。

大多數的人，在二十幾歲就已經「死了」，
以後的生命不過是用來模仿自己，一天天地重複，
而且重複的方式越來越機械，越來越荒腔走板。

生活中有一類人被稱作「牧馬人」，用來形容那些很容易就放自己一馬的人。工作壓力大，便給自己的食慾大赦；身體剛好，就中斷了健身計畫；稍有睡意，就丟下了手裡的工作。這一類人，還兼職「職場喪屍」，對職場從來沒有熱愛，工作僅僅為了生存而已。沒有喜歡某一行，也不屬於任何一行，三百六十行，行行待不下去。

他們的心裡原本也有一個遠方，但隨著一句句「算啦算啦」，隨著一次次縱容自己得過且過，那遠方真的越來越遠了。

何況，生活不是故意要傷害誰的，但它畢竟要向前。有時傷害之所以發生，只是因為那個人礙了它的路。失敗就是失敗，它不是成功的媽。

公司裡一位資深員工犯了個錯誤，將圖書內文版面尺寸調錯，導致印刷環節只能延後。不能依照合約上的日期提供圖書給電商和書店，公司需要賠款。主管大發雷霆，氣得在辦公室裡拍桌子，扣了她半年獎金。

她在公司做了十四年美編，自知這次是自己理虧，可心裡還是不服氣。下班在電梯裡，她和其他同事嘟囔了幾句：「誰不會犯錯，我也不是有心的，再說也沒人告訴我版心尺寸變了。」大家面露尷尬，到了一樓都匆匆走出電梯。

第二天，我和主管聊起這件事，主管聊了一段至今影響著我職業生涯的話，她說：「如果這個錯是你犯的，大家可能會說你年輕、沒經驗，可是同樣錯誤在年紀大一點的人身上，就是低級錯誤。年齡長了，腦子和見識卻沒跟著周全，是一件很可怕的事。你要記得別輕易說你不行、你不懂，而是說我『馬上去做』，然後偷偷惡補學習。」

我使勁點頭，默默記住組長說的每一個字。

後來，在一起共事的一年多時間裡，我發現這位資深員工經常在設計封面的時候去逛購物網站，開會的時候偷偷拿手機看小說，工作進度到她那裡一定卡住，不是說「我不會」、「誰來幫我弄一下」，就是「沒人告訴我這個需要改」。到時間打卡下班，哪裡出了差錯就第一時間推給別的同事，和她一起合作過的同事個個表示無奈。

有一次我提出封面文字想要再修改一下，她馬上勸我說：「主管沒說改就不用動了，萬一改不好我們還有責任。別多給自己找麻煩。」

我離開那家公司後，便跟那位員工失去了聯絡。

有天晚上，我下班回家，在公寓門口碰見她，她穿著清潔阿姨的衣服，在擦拭門上的玻璃。邀請她進屋坐坐，初秋的天氣涼了，給她倒了一杯熱茶。

「你自己買的房子？」

「嗯，付了頭期款，每月還在還貸款呢。」

「很好很好，你剛來公司的時候，剛大學畢業，像個小女孩似的。」

「姐，你過得如何？」

「你也應該知道，現在平面媒體不景氣，公司裁員，我們這些中年員工走了不少。」

「怎麼沒換一家公司繼續做設計呢？」

「也想過，但之前在公司待得太輕鬆了，沒學到什麼，新版製圖軟體也不太會用。徵才市場都是你這樣的年輕人，我這個年紀，只有這個職位願意要我。」她低下頭拉了拉自己的工作制服，嘆了口氣：「這社會啊，唉……」

我知道那麼多句鼓舞人心的勵志短文，寫過那麼多句安撫人心的雞湯文章，但那一刻我找不出任何一句，可以填補她這個年紀裡可怕的空洞和蒼白，那空洞來自她二十幾歲時的安逸。

她曾經以為，這安逸輕鬆的日子能一直延續不被打斷，卻忘了比你年輕、比你有活力、比你點子多的年輕人，在每一年畢業季都會大批湧出校門。他們沒有房貸的壓力，父母也還不需要他們贍養，加班熬夜一杯咖啡就能撐得住，第二天依然神采奕奕來上班，他們好像有用不完的勁，耗不光的熱情，逼得你步步後退。

後來，每天我都會錯開她早晨清掃的時間出門，我不知道該用什麼樣的表情面對這位前同事才合適。

我畢業那年，是公司裡年紀最小的。一晃四、五年的時間，我已經變成了「〇〇後」眼裡的老阿姨。時間多狡猾，它讓我們誤以為未來那麼遠，要活在當下，及時行樂才對。可混著混著，直到有一天，一低頭發現，日子突然混不下去了。

到了一定年紀，你做得好是理所當然，做得不好叫豈有此理。沒有什麼比人到中年卻被拋棄的感覺更悽楚，這時候如果你沒有足夠的實力，連自己都是不可靠的。

總有人吵著說職場無情、社會殘酷，其實它只是在改變、在進步，當你跟不上它的腳步時，就自然被淘汰。人到中年，能庇護你的只能是自己的實力，和你對自己夠不夠狠，以及對外界的變化夠不夠警覺。

人生就是一場場物競天擇的大逃殺，它無關你所在的地方和你如今所處的位置，別人都進化了，你即使什麼都沒做，還是分分鐘都在落後。

太多心靈雞湯告訴我們「你想要的，歲月都會給你」，可它沒告訴你「你想要的，歲月憑什麼給你」。

成功學一遍遍講著富比士排行榜那些人的豐功偉績，告訴你「成功的人那麼多，你也可以是其中一個」，可是卻沒告訴你，現實裡失敗的人更多，多到數都數不過來，多到能引發密集恐懼症，多到像菜市場的爛菜葉。所以你怎麼肯定，那個在溫水裡無所事事的自己，不是那個失敗的炮灰？

哪裡有那麼多的中年危機，大多是又懶又頹喪又愛裝傻。

從前我們總覺得是這個世界欠修理，後來才發現，其實欠修理的是自己。

我們對年齡的恐懼，其實並不在於年齡增長所帶來的蒼老，而是恐懼隨著年齡的增長，仍然一無所獲。

時間不僅僅捲走了你臉上的膠原蛋白，還順便給你的腰間貼了幾圈肥肉，世界對你越來越小氣，規則對你越來越嚴苛。想到三十歲後還得去徵才會跟年輕人搶飯碗，我就不相信你心裡不會恐慌。

#

前幾天在朋友的群組裡，看到有人抱怨老闆對他不好。原來是他畢業後一直在這家公司工作，眼看著這兩年年紀更小的學弟學妹們進入職場，可是老闆還是沒有想提拔他當小主管。所以，至今他每天還要和「九〇後」一起上下班打卡，出差只能報銷高鐵的經濟艙。

他說自己也算兢兢業業工作五年，沒有功勞也有苦勞。他發表了大段大段的文字，卻沒有一句在說自己這些年做出過哪些成績。群組裡久久沒有人接話，我默默刪除了群組聊天對話框。

在這個商業社會裡，只有功勞才會產生價值。苦勞如果沒能轉化為功勞，那它就白白浪費時間。

以前的我們總說「莫欺少年窮」，經過了多年努力奮鬥，現在可以改成「莫欺中年窮」了。

上學時，我們對優秀學生的評價標準是什麼，至少要有一項成績是名列前茅的吧。你說你刻苦，你說你尊師重道，最後成績平平，獎學金還是不會發給你。上班後，你每天七點半就到公司打卡，看似工作了一整天，晚上下班後吃個飯還在家裡繼續加班。你是很辛苦，月底的時候你沒有業績，也沒有留住客戶，這苦勞的價值又在哪裡呢？

這是一個以成果論英雄的時代，更是以成果來檢驗一切的時代。

職場不是存錢罐，二十歲拼命往裡塞，三十歲開始躺著花。二十歲有二十歲的努力，三十歲有三十歲的勤奮，你不能在三十歲的時候邀二十歲的功，因為在職場，沒有人會為你的資歷買單。

所有的理解都是基於一個前提：用努力爭取更多寬容，用能力說話，這就是職場的規則。

如果你過去二十九年沒有努力，那三十歲的時候也不會有奇蹟。職場裡，沒有應該升職的年紀，只有配不配升職的人。你沒有功勞，談苦勞是沒有任何意義的。

如今，職場裡流行「假裝努力」。

他們喜歡用努力來標榜自己在工作上的付出。比如，大家都是準時上下班，按時完成當天任務數量，而「假裝努力的人」卻把工作時間拉得很長，上班比別人早，下班比別人晚，熬夜加班也是常事，週末當然也要「忙一忙」工作。這種病的病根在於，他們沉迷於自己長時間無效的勤奮，卻不注重勤奮本身所帶來的價值。

能說出「我已經很努力」、「我也很不容易」這種話的人，無非是心裡明鏡似的知道，看得見的成果拿不出來，只好拿隱形的苦勞來充數，演一齣「此地無銀三百兩」的把戲。

勤奮、努力這些帶著厚重感的詞彙，最好還是留給你身邊的人用來評價吧，把它們當成標籤、獎章，自己貼在自己身上沒用。就像別人誇你美，那才是真的美，你沒事就說自己是仙女，你腦子壞掉了嗎？

那些真正用心做事的人，往往在別人高喊口號給自己壯膽的時候，默默地將子彈上膛。等到時間一到，「砰」的一聲，響亮有力，一擊即中，讓整個喧鬧的世界安靜下來。

#

Liz 是花哥的直屬上司。

花哥面試那天，對面的招聘人員在看過她的履歷後，問了一個問題：「你覺得自己在哪方面比別人優秀？」花哥本以為會問「你的職業規劃是什麼？」「為什麼要來我們公司？」或者「你預期的薪資待遇是多少？」等問題，這不按套路出牌的提問，讓她當場愣住了。從會議室出來後，她甚至忘記了自己是怎麼回答的，只記得面試官說了一句「好的，你不錯，等我們通知吧」。在休息室等待的大多是來面試的，一問才知道，這個問題幾乎每個人都被問到。

我們都知道，一般來說，「你不錯」的意思是「你還不夠好」。驚喜的是，一週後花哥收到了錄取通知，正式進入公司實習，也是上班那天花哥才知道，那個問她問題的人是自己所在部門的老大，Liz。

用花哥的話形容，Liz 是個很酷的女人，她臉上的神采和自身所帶的氣場並不會讓別人覺得討厭，反而是心生敬畏。部門實習人員第一次開會，是 Liz 親自主持的。

Liz 說：「有同事說我把這次招聘的標準定得過高，畢竟你們大多是剛剛離開校園的新鮮人，或者只有短短兩三年工作經驗的新人。但如果你們覺得我問的問題有點難，那只能說明你們準備的太少了。」
這話重重地敲在了花哥的心上，她雖然進入了實習期，但總覺得有點心虛。
「你們還這麼年輕，要多學點東西，會的東西太少是走不遠的。」
Liz 話說完後，整個辦公室變得異常安靜。

後來，與同在廣告部門的同事聊天時花哥才得知，Liz 可說是電影《穿著 Prada 的惡魔》中米蘭達的現實版。對下屬嚴苛是沒錯，但對自己下手也不輕。
Liz 二十八歲那年留學歸國，隨後便進了這家公司。為了配合團隊的需要，每天沒日沒夜地研究產品特點、了解市場動向、分析同類產品的優缺點。週末生活更是安排得很充實，學小提琴、健身、做義工。公司近十年獲得廣告類大獎的作品，幾乎都是 Liz 負責的。

幾年來的加班生涯，她硬是將自己打造成了公司不可或缺的骨幹，她付出的每一分努力都在自動疊加，為她積蓄著能量。她自身不可替代的能力，扶著她輕鬆走過一次次「大齡」淘汰的失業危機。

我認為，Liz 已經擁有了除了畢業證書以外更多的東西，她在人生最好的時光裡拼命為自己升值，而大部分人的價值，就只停留在學校畢業的那一刻。

走出學校，一眨眼到了三十歲，僅僅憑一張中規中矩的履歷和幾張沒什麼意義的證書，你憑什麼覺得更好的職位會等著你？

二十歲出頭的你現在在做什麼？隨便糊弄完老闆交代的工作便開始追劇、玩遊戲？因為一份不穩定的感情關係每天矯情哀怨？還是平平凡凡當一個及格的學生？

太多的人抱怨「賺的沒有花的多」，也有太多的人不滿「社會對年輕人過於苛刻」，可是卻少有人願意靜下心來，踏踏實實為自己一點點地儲備能量。

遊戲裡的英雄都有一技大絕招，那你在職場裡的戰術是什麼？我想那應該不是善良、堅強、勇敢這種人格特質。它應該是一種只屬於你的內在能力，是你的核心價值，是你在成長的每一天裡，不斷為自己修煉出的特長，它讓你和別人不一樣，會幫你度過危難的關口，殺敵制勝。

#

工作這幾年，和朋友聊得最多的就是薪水，到年底也要湊在一起聊一聊年終獎金。

大學剛畢業的時候，每個人都有一股衝勁，再苦再累也不怕，身體扛得住，精神特別強大。

隨著在職場摸爬滾打個幾年，想升職拿高薪，總覺得底氣不足。安於現狀吧，心裡又委屈。

年輕時，我們總覺得這個世界不夠好，配不上自己。自己有無限活力，無堅不摧，可以去試錯、可以去創造。可是慢慢地才發現，是我們弄錯了。這世界有太多你不知道和做不到的，以我們努力的程度，遠遠配不上自己想要的世界。

人生八〇%的決定性時刻，都發生在你二十多歲的時光裡。正值這個年紀的你，如果覺得還有大把時間可以揮霍，機會很多，未來光明，該完成的工作推到明天，該學習的技能推到下個月，眼下只顧及時行樂，刷刷手遊、購物網站，給這個按讚，給那個評論，瘋狂玩樂。那麼，等到歲月把你推到三十歲這個尷尬的年紀時，你每天睜開眼大概就是房貸、車貸、信用卡還款日和這個月還沒達成的業績。

職場上沒有無緣無故的高薪，它的背後必然是你更多的付出，是你在職場裡每時每刻為自己爭取的重要位置。工作是安身立命之本，也是自我價值的體現，認真一點別敷衍，因為到頭來敷衍的還是你自己。

你的本領，對應著你的薪資和年終獎金。只有那些專業又格外勤奮的人，才能拿到體面的收入，才能擁有更好的麵包。

希望你賺錢的速度快過孩子長大的速度，快過父母老去的速度，才不會到了中年再感受到上下夾擊的痛苦。

你必須在中年來臨之前，用錢鋪上一層厚厚的緩衝氣囊，因為說不定哪天你就會從高空落下。你必須在中年到來前，讓帳戶裡那串數字夠長，否則，時間一到，你必將在自責與恐慌中掙扎。

能促使一個人改變的第一驅動力，不是野心，而是恐懼。

別貪圖當下一時一刻的得過且過，舒服度日，你在當下偷的每一個懶，都是在給未來的自己挖坑。也別沉迷於僥倖和得過且過，那無法支撐你度過漫長且艱難的一生。

自殺式單身——

比起寂寞，成年人更怕麻煩

特語錄

現在的你已經不會輕易付出真心，不是因為不喜歡，
而是相對於喜歡來說，更想好好地保護自己。
在經歷一段又一段戀愛後，
對愛情的渴望並沒有以前那麼強烈。

極致的心動是限量的，
你或許已經用掉這次機會了，或許這輩子也用不掉。

現代人對待愛情這件事，其實蠻懶惰的。身邊人來人往，真正走進內心的可以說是零。被人暖一下，能熱兩秒；被人冷一下，就徹底結冰，都在感情和理性、付出及所得之間找平衡。互相尋找，彼此逃避，像是一場交織著激情承諾和迅速脫身的芭蕾舞。

常見的是把感情放在天秤上小心計量，你給我幾分，我還你多少，我們可以付出的東西是那麼有限，再也經不起虛擲和揮霍。到了一定的年紀，我們就得逼著自己變成那個屋簷，再也不能找別的地方躲雨。

早上收到朋友的短訊，他說昨晚和一起加班的同事去吃宵夜。因為喝了點酒，到凌晨還沒有入睡。刷著朋友圈才想起，當天是情人節，看著各種情話短文和秀恩愛的照片，他一個一百八十二公分的鋼鐵直男，忽然哭了起來。

我的這位朋友沒有失戀，沒有談戀愛，甚至目前連個喜歡的人都沒有。就是這樣一個標準單身光棍，竟然因為圍觀了別人的愛情而傷感起來。

你們以為單身的人就沒有戀愛困擾了嗎？

不是的，單身的人沒有愛情之中的困擾，卻有愛情之外的困擾。

比如，有時候會忽然覺得，自己好像沒有那種很喜歡一個人的勇氣了，不知道是不是在很早之前就把勇氣用光了。比如，有的人害怕心會碎，有的人害怕心會痛，有的人害怕自己不會再為一個人怦然心動。再比如，別人越是對自己有新鮮感，就越是害怕。害怕的當然不是新鮮感本身，而是害怕無可避免的厭倦，害怕的是新鮮與厭倦的落差。

「非常非常非常喜歡一個人，喜歡到不和對方在一起生活好像都沒有意義」的狀態，這樣的機率或許一生只會出現一次。這是一種情緒體驗的巔峰時刻，一旦過了，急轉直下，人會陷入一種平和的失落。

極致的心動是限量的，你或許已經用掉這次機會了，或許這輩子也用不掉。敲不開心裡那道隱形的門，於是更加想躲了。

現代人已經不會輕易付出真心了，不是因為不喜歡了，而是相對於喜歡來說，更想好好地保護自己。在經歷一段又一段戀愛後，對愛情的渴望並沒有以前那麼強烈。

來了就來了，不來也罷。已經過了那種收到一個晚安就甜蜜激動半天的時候了，也開始學會考慮以後，權衡利弊了。

#

一位一九九三年出生的女孩發私訊給我。

她說最近認識了一個男生，各方面條件都蠻好，對他也有一點心動，可不知道為什麼，在相處了一段時間之後，她突然就產生想要逃避的念頭，變得沉默、話少，甚至都不想搭理對方。

她說：「其實我蠻害怕的，怕把這段關係搞砸，怕未來會發生一些未知的事情，怕自己處理不好兩個人的生活。我膽子小，我覺得很亂，最直接的解決辦法就是不開始這段感情。」

這樣的人不少，三天兩頭說一個人太孤獨，想要天賜「小狼狗」、「小奶狗」什麼的。可當真有誰向你靠近，就像是被踩了尾巴似的，忙不迭地跳開，搖著頭說「算了算了」。

說一千道一萬，不是不想，是害怕。在這個速食戀愛的時代，好像沒有誰真的有耐心去了解、接受和愛一個人很久。害怕經歷那種從陌生到熟悉，再從熟悉到陌生的感覺，真的太疼了。

有人一朝被蛇咬，十年怕井繩，小心翼翼地將自己藏進堅硬的殼裡，偶爾探出頭來東張西望，匆匆一瞥後又縮回原地。也有人闖過千軍萬馬，受過刀槍劍戟各種傷，白袍染血照樣提槍上馬，尋找下一處戰場，等待下一場廝殺。

小紫和男友同居一年後，男友突然消失，帶走了兩人所有的存款，連家裡的洗衣精都沒留下。沒辦法，小紫連續吃了兩個月的泡麵。後來她去別的地方做廣告推廣，收入可觀，在外語補習班認識了新男友。兩人感情倒是蠻好，可惜男友的父母不喜歡她，而勒令兩人分手。分手那天，下了那年夏天最大的暴雨，她一個人淋著雨走回家。

即使是這樣，如今你問她還會去愛嗎？小紫仍會目光篤定地點點頭。她沒對愛情死心，下一次再遇到相愛的人，她瘦小的身體裡還是會爆發出愛的力量。

我們這一生中也會遇到很多人，有些人來往一陣子，有些人來往一輩子，誰都不是預言家，沒有誰一開始就能猜中結局。

電影《大魚海棠》裡有段臺詞說：「我們這一生很短，我們終將會失去它，所以不妨大膽一點，愛一個人、攀一座山、追一次夢。不妨大膽一點，有很多事沒有答案。」

哪怕衝動一次，也就是後悔一陣子，但要是活得太膽小，就會後悔一輩子。而我們僅有此生，比起失去和別離，從未擁抱更讓人難過，不是嗎？

想愛的時候用力愛，有酒的時候就去喝。未來的路這麼長，走錯幾步也無妨。人生是一場接一場的未知冒險，誰也不知道未來會發生什麼。一輩子那麼長，輸幾場沒什麼好懼怕的。

人生有些選擇題永遠無法繞過去，你不能因為害怕失去，就不去擁有。

#

想起我的一位高中同學，和我一樣是「九〇後」，也是被催婚大軍轟炸的一員。我上次去出差，她帶了一瓶紅酒來飯店找我。許久不見，自然要小酌幾杯。

「上次回家我碰見你媽媽，說起你這個大齡單身女子，阿姨可是嘆了口氣呢。」我說著，把酒杯遞給她。

「哎，下次再碰見我媽媽，幫我搪塞一下。」
「怎麼，還真打算獨身主義了？」
「也不是。身邊有人給我介紹男朋友，我也去見過。約會、吃飯、看電影，這些必經過程都走了。可是一想到有人從此要介入我的生活，我就心神不寧。我真心很享受一個人的生活狀態，也覺得現在這樣蠻好。」
懂，其實她說的這些我都能懂。

我周圍有很多優秀的單身女子，攝影、組樂團、開花店、健身、創業，她們是真的能把生活過出一朵花來的。偶爾去看看世界，有自己內心的力量。好像沒有一件事是必須兩個人一起才能做的。
但問題好像也出在這裡。單身久了，也早就適應獨來獨往了，反正偌大的世界，沒一條路是不可以探索的，天地多遼闊，不用跟另一個觀念迥異的人磨合，時間都屬於自己，多自由。如果這個時候有個人要接近你，將你從這樣的狀態中拉出來，你反而會覺得不自在，你會本能地排斥他進入你的世界。

相愛太麻煩了，成本高、風險大。兩個人要從「你平時週末喜歡做什麼？」「今天天氣還不錯！」「你喜歡吃什麼？」開始講起，講到各自有傷又痊癒的人生，講到一臉高傲冷淡下滾燙的靈魂，才有可能，也只是有可能嘗試交付真心。即便是這樣，也沒人能保證給你一個圓滿的結局。

會寂寞嗎？會。要戀愛嗎？你眨眨眼，還是拒絕了。大概累了就睡、餓了就吃、難過了就追劇、玩遊戲這種無需取悅任何人的舒適，更能給你安全感，至少不會使你受傷。你的心上長了一層堅硬的殼，很難敲開。

不是沒人喜歡你，也不是你不夠優秀才被迫淪為「剩鬥士」，而是你失去了愛的能力。你得了一種叫作「愛無能」的病。

什麼是愛無能？

愛無能，會對異性有心動的感覺，可是真到要在一起，又會害怕、抵觸。會沒自信，覺得自己處理不好這段感情，到頭來肯定會傷害到對方，想想還是算了吧。告訴自己不要陷得太深，還是盡早抽身而退，不敢面對。周而復始，循環往復，明知道這樣不好，還是沒辦法克服。

我們怎麼就變成愛無能了？

也許是因為熱情燃盡了，人就本能地學會了自保。也許是因為山珍海味吃多了，胃口就和味覺一併消失了。也許是因為每天匆忙地度過，忘記了去發現他人的可愛之處。從前，認識一個人是緣分，如今，認識一個人是走馬觀花。人們不再珍視每一次相遇，也習慣了相聚與離別。一切都變得沒那麼重要了，所以漸漸忘了怎樣去關懷和愛一個人。

後來，我們活得太勵志，活得太人模人樣了，就算遇到非常喜歡的人，一旦開始擔心「他究竟是怎樣的人？」「他跟我會不會長久？」「我們在一起能不能相處得好？」這樣的問題，那還有什麼羅曼蒂克，早就被殺死了。

人都會寂寞。年輕一點的時候，如果感到寂寞或者喝酒喝到脆弱，即使沒有明確目標，也會憋不住硬挑幾個人發出「我想你了」的訊息。年紀大一點，哪怕心中有喜歡的人，也不會輕易給對方發送消息，最多跑去對方的動態裡按個讚。

比起寂寞，人們更怕麻煩。

#

同事F這一年接觸了不少同齡的男孩。她不是嫌A工資低，就是嫌B太張揚，C多好一個金融海歸男，她又說人家太死板，給她介紹了個陽光大男孩D，她又挑剔不穩重。她條條框框列了一大堆，後來總算出現了一個符合條件的，可是相處沒多久她又說沒感覺。

我問她什麼是你要的感覺？

她說，就是心怦怦跳，見他第一眼就想一輩子在一起那種，好難找啊。

或許是她不懂，當你給愛設定了太多附加條件，當感情變得不再純粹，小鹿亂撞的感覺自然而然也就沒有了。

當一個人越來越現實，越活越明白的時候，也是愛情離他越來越遠的時候。

你給自己的束縛太多，對別人的要求太多。你不敢帶著一種輕鬆的心情去展開一段追逐。你瞻前顧後、獨善其身，最後就變得跟刺蝟一樣，誰都無法接近了。

#

至於愛無能這個病到底怎麼治癒，我想再說一則故事。

兩年前我去麗江的時候，認識了小猴。當時我們幾個朋友一起訂了客棧，小猴作為前臺接待我們。那裡的時間彷彿與整個世界格格不入，上午九、十點的時候，整個古城好像才剛剛要甦醒，因為我每天都要一個人在院子裡曬會太陽，於是和小猴便聊得多了起來。

小猴是個女孩子，辭掉了銀行的工作來到麗江。小猴跟我說，原本她以為自己就要在體制內安安穩穩，和大多數同齡人一樣結婚、生孩子、帶寶寶、整理家務。但有很長一段時間，她會莫名煩躁、自我懷疑，覺得沒有人會真的愛自己，她也不會輕易交出自己的心。雖然平日看到別人秀恩愛，自己也會心酸，但這根本激不起她想要談戀愛的心思。至於工作也就那樣，懶得鉤心鬥角。

自己明明沒有錯，卻又像犯了什麼天大的錯。在這種狀態下，小猴決定出去走走，這一走，便留在了麗江。

後來我和小猴一直保持著聯絡。

我看到她飛去臺灣學花藝，回麗江開了花店。蒼山洱海鮮花，想想都讓人心動。許多個夜裡，她會發給我訊息說：「我有時候會幻想，生活像俗不可耐的電影劇本一樣，在機場領錯了行李，或是在小酒館不小心灑了鄰座一身果汁，或是在某個書店，兩個人共同在書架上拿起一本書。可結果什麼事都沒有發生。」

不過值得高興的是，小猴並沒有讓關心她的人等太久。

在她最新的動態裡，我知道她戀愛了。她的照片不再是自拍，而是男友視角。演唱會的票是兩張，鰻魚飯是兩份，有人幫她修理花店的燈泡，有人和她一起打烊。照片裡的男孩看上去謙和乾淨，洋氣儒雅。金童玉女，一對璧人。

我突然想起張嘉佳寫過的一段話：

我希望有個如你一般的人，如這山間清晨一般明亮清爽的人，如奔赴古城道路上陽光一般的人，溫暖而不炙熱，覆蓋我所有肌膚。由起點到夜晚，由山野到書房，一切問題的答案都很簡單。我希望有個如你一般的人，貫徹未來，數遍生命的公路牌。

嗯，斯人若彩虹，遇上方知有。

如果是在電視劇裡出現這樣的橋段，我肯定會吐槽：「現在編劇套路都好相似，沒創意。」但小猴的故事，還是讓我心裡顫了一下。

一個人過得是否快樂，與天氣無關，與年紀無關，只和他遇到了什麼樣的人，過著怎麼樣的人生有關。

#

說了這麼多，其實是想告訴你們，愛無能這個病不需要治，哪怕它是單身過久誘發的現代病，哪怕它被各種條件捆鎖在你身上，等你真的遇到那個人了，陽光微暖，櫻花飄落，自然藥到病除。相愛相處或許是一種能力，愛上某人卻不需要能力。

愛是不需要演習的，你也不需要每天思考「我到底該喜歡什麼樣的人」、「那個人出現的時候會是什麼樣子」。當那個人來到你面前了，你心裡就會像被什麼「叮」的敲了一下，心裡想「好啦好啦，是他了」。

我之前一直覺得自己年紀不輕，不再相信無緣無故的愛，希望喜歡我的男孩把喜歡我的原因一條一條列出來。後來才發現，能有什麼原因呢？喜歡就是莫名其妙的，是你自己都沒辦法解釋的東西，是「別的都不管了，我先豁出去愛一場」。要什麼法則呢，何必非要探究所以然呢。

畢竟，與有情人做快樂事，別問是緣是劫才對呀。

想起一段我很喜歡的話送給你們：睡美人的故事裡，公主出生以後，國王和王后請來了幾個仙女慶祝，仙女們很慷慨地賜予小公主祝福，比如湖水似的眼睛、綢緞般的長髮和善良的心。女巫因為沒有被邀請，很生氣地詛咒公主，只有獲得真摯的吻才能甦醒過來。小時候很怕女巫，現在想想，其實是女巫送給了公主最好的禮物。誰不是遇到了真愛，才甦醒過來的呢。

嘿，祝你在漫長的歲月裡，總有一次愛得盡興，那一定會把你從人生的無趣裡打撈出來。

間歇性自閉——

我沒有隱瞞你，只是不再把情緒隨便公開

特語錄

社群軟體像是一個巨大的容器，
把喜怒哀樂這些情緒通通裝了進去，
表情包是我們的面具。

那些在社群軟體裡過得好的人，也許是戲精。
他們演得最好的那一場戲，是懂得自己吞嚥苦楚。

每個人的社群軟體主頁，都承載著許許多多的凝視。

上週末跟朋友聚會，不知誰提起，我們共同認識的一個朋友，剛升職成了項目負責人，也買了一間新房，孩子念的是國際幼稚園。

原本輕鬆歡樂的氣氛，頓時凝重了起來。好像那根小心翼翼放鬆的神經，突然又被拉緊了似的。每個人的臉上立刻寫上了「我不開心」四個字。

你的社群軟體中中有多少好友？五百個、一千個，還是兩千個？

只要你打開社群軟體，他人活色生香的生活就撲面而來。當然我們心裡明鏡似的，大家只甄選最上鏡的那段日子，精心挑選出各自生活的「精彩時刻」，像是生活的剪報。

不管別人是否有意顯露自己的生活，但那露出的冰山一角就足夠令人羨慕了。我們嘴上說著不在乎，實際內心已經翻江倒海。最怕的是回過頭發現別人成績滿滿，甚至又往前跨越了一個臺階，自己卻還在原地打轉。

人總是會情不自禁地將自己和他人比較，不比不知道，一比真煩惱。

如果我們每天多花點時間沉浸在社群軟體裡，是很難不焦慮的。那些年考試成績不如他的男同學，如今不是區經理就是政界名人。那些年沒人追的女同學，冷不防公布喜訊，如同挑釁般地警告：當你在浪費光陰的時候，別人都在忙著進入人生的下一個階段。

你懊惱在早上尖峰時段的地鐵裡，有人踩了你新買的高跟鞋；有人在此時發了聖托里尼的日出。你加班完已經是深夜，從辦公室出來時被冷風吹得不禁打了個寒顫；有人剛剛吃完男朋友親自下廚做的愛心晚餐。今年已經是你第三次搬家了；你剛收拾好一地狼藉，就看見去年和你一起合租的那個女孩付了頭期款買了一間公寓……。

儘管我們也在努力地生活，但總覺得別人獲得的更多，別人才是真正的人生贏家，別人早已把我們甩在後頭。在落差中，別人的光鮮生活難免會讓我們降低對自己的評價，傷害自尊。

別人像開了光一樣什麼都好，自己像中了邪一樣怎麼努力都白費力氣。這就是焦慮的根源。我們搏鬥的不是整個社群媒體，而是自己內心深處那道永不甘心的陰影。

#

白天的朋友發文，像嘉年華；深夜的發文，更像是故事集。如果你曾在凌晨一點後刷新動態，或許你會解開了解一個人的新方式，會看見每個人平時沒有表現出來的另一面。

平時作為小組裡負責勵志角色的小李，發了一張城市夜景，說這座城市燈火輝煌，可是沒有一個能讓他容身的地方；投胎技術高超的富二代，說自己從小到大沒交到過真心的朋友；只更新搞笑短文的孫同學，忽然分享了一首傷感的情歌；公認的女漢子，說她在修好水管的那一刻很想大哭一場；月薪過十萬的學長，說他已經兩年沒有回過老家了。

事物永遠都有凹凸面，你所得到的都是你失去的東西在為此支撐著。

這些隱晦的情緒像是螢光棒，白天看不見，可是到了晚上關上燈，就能看得一清二楚。而無一例外的是，這些深夜裡真情流露出的另一面，那個一身虛弱無一盔甲的另一個自己，總會在第二天太陽升起的時候被刪除，然後重新投身到熙熙攘攘的生活中。

成年人的世界就是這樣，快樂得不純粹，悲傷得不徹底。

生活從來都離不開酸甜苦辣，每個人都有鮮為人知的一面。當你在羨慕旁邊的大樹高大茂密的時候，大樹卻在羨慕你不像它那樣孤獨。

說到這裡，不知道你是否已經明白，誰的人生都會有別人洞察不到的煩惱，要看清一個人的生活全貌太難了，所以不必去羨慕別人生活的美好，也別過分抱怨自己生活的不順意。畢竟我們拼命追尋最好生活的這一路，拔腿奔跑，都是辛苦的樣子。

那些在社群裡過得好的人，也許是戲精。他們演得最好的那一場戲，是懂得自己吞嚥苦楚，與他人分享快樂。他們為了少數的、短暫的美好在咬緊牙關，但是那些咬緊牙關的時刻，從不輕易發文，而在占到生命百分之九十的悶聲埋頭趕路的途中。

#

不過你有沒有發現，如今不發動態文的人越來越多了。

以前我們看了一部電影，要發條動態寫寫觀後感；出門旅行要分享一下不同文化；即使是偶然瞥見一朵好看的雲，路邊一棵奇怪的樹，池邊捉蜻蜓的貓咪，都要發一篇文感嘆一下大自然的可愛。

慢慢的，越來越多人加進來。同事進來了，討論工作；親戚進來了，點評你的生活，順便給你介紹相親對象；小學同學進來了，用奇怪的語氣說你現在混得不錯；只見過幾面的朋友進來了，問你買不買保險。之後，連房產仲介、購物網站客服、裝寬頻的、修空調的，連樓下理髮店的 **Tony** 老師也加進來了。

「好友」雖多了起來，但如今的我們，更新和翻閱的欲望都已大不如從前，而那個標誌著新動態來了的小紅點，似乎也不再出現得那樣勤快了。

我們的世界變得不再私密，動態圈也不能發得無所顧忌。畢竟在眾人面前敞開自己的內心世界，是一場風險不低的冒險，而不隨便把情緒公開，也是一種溫柔，更是禮貌。

#

如今，是沒有傾訴的衝動，還是已經沒有了交流的欲望？

我覺得不是，每一個活生生的人，都渴望傾訴、希望被理解，但我們確實越來越不想公開。大概是因為，不發委屈，發了矯情。

有人說，現在每次發文都要思前想後，這條能不能發、發了會不會被吐槽、會不會不夠有趣、會不會被說假文青、會不會讓別人多想等等。每次都要考慮半天。等忙完了，連發送的欲望都沒有了。算了，還是繼續工作吧。

有人說，夜晚的時候情緒氾濫，什麼脆弱、焦慮、憂愁一股腦地湧來，這種時候萬千情緒堵在胸口，不發出來真的會憋死。可一覺醒來，又覺得昨晚的自己軟弱矯情，而且並沒有什麼人遞上關心，只想快點把動態刪掉，還要自我告誡下一次可不許這麼縱容自己了。

「我沒有隱瞞你，只是不想把情緒隨便公開」，是如今大多數人的心聲吧。

我們每一天都有不同的經歷，每一刻都有不同的情緒變化。你看到以前我開心的樣子，不代表我真的天性樂觀開朗。你看到某一刻我突然很難過，也並不說明我是個很頹喪的人。

有些東西，作為過去某一段時間或者某一瞬間的印記就好，無法成為你真正了解一個人的途徑。關於過去的時光，如果你已經參與，我會在閒暇的時候、在懷念的時候、在清晨、在午夜，獨自一個人拿出來細細回望。但如果你沒來得及參與，那也沒關係。

成熟，就是將注意力從曬幸福、曬經歷，變成自我消化的淡然。人生這條路走

下來，你會慢慢將外在的表露衝動，變為內在的沉靜與自我一致。

社群軟體的本意是為了記錄和分享真實的生活。我們在這其中體會失去，了解珍惜、品嘗離別、得到成全。這或許是來這世間走一遭的真正意義，所以，為什麼要羨慕別人，你手裡擁有的便是最好的。

你不用假裝過得很好，這個世界上沒有幾個人是你的觀眾。

當你想到了以前，那些歷歷在目的人，除了三兩親友還在關注你之外，唯有你默默地獨自面對世間喧囂。

那些你很在意的事情，經過歲月的洗滌之後，在你的記憶中變得無足輕重起來，那是因為它們早就應該結束。這個世界上過得好的人，都是該吃就吃，該喝就喝，該哭就哭，該笑就笑，不逃避、不畏懼的。

如果我們每天思考的問題，能從「他為什麼過得比我好」，換成「我現在應該做什麼？」也許我們還有機會活成自己想要的樣子。

外向孤獨症——

別敲我的門，我和全世界都認生

特語錄

老闆誇你工作業績突出，
但他不知道你的椎間盤更突出；
爸媽誇你人緣好，
但他們不知道你看見人就想跑。
心裡有無數句「去你的」，但到嘴邊都成了「好的」。

有人這樣形容成年人的一天：

早上：今天又是元氣滿滿的一天！

中午：忙忙碌碌，再加把勁。

晚上：嘻嘻嘻，哈哈哈。

凌晨：人間不值得。

成年人會做一些假裝自己不在意之類的蠢事，然後在某個情緒堆積的夜晚，和泡在淚水裡的枕頭一起入眠。內心沙塵暴捲走了一座又一座城市，殘垣斷壁又被海嘯沖刷，心碎成了沙子，就算撿起來都根本沒辦法拼。溺水了以後又被鯊魚吞掉，等了三夜都沒有等到天明。無人生還。

這種程度說出來的卻是：「沒什麼啊，怎麼了？」就像小孩子要不到糖果，看似沒什麼大不了，實則會在心底大哭一場。

週末時我在家大掃除，將一些衣物和看過的書整理打包，準備捐出去。吸塵、擦地、刷地墊，忙了整整一個下午。

預約了快遞員上門取件後，我搬了梯子準備掛洗好的窗簾。我個子不高，站在梯子上還要微微踮起腳，才能搆到窗簾鉤。突然門鈴響了，我的狗狗跑到門口大叫，我嚇得顫抖了一下，一個沒站穩從梯子上摔了下來，真是巧了，右腳踝先著地。

我高中時溜冰扭傷過右腳，雖然過去很多年了，但如今有時候路走多了或是踩在石子上沒站穩，右腳踝還是會腫起來。以前醫生就叮囑過，不要覺得自己年紀輕、恢復力強，就不把受傷的地方當一回事，平時一定要小心。我心想：幸好幸好，剛才扶住了牆，沒有整個人坐在右腳踝上。

門鈴還在響，狗狗跑過來舔舔我，又跑到門口大叫。我狼狽地扶著沙發起來，一小步一小步地移動到門口開門。我把東西遞給快遞員，麻煩他今天一定幫我寄出，關上門我又移回客廳，坐在沙發上揉著腳踝。

瞥了一眼茶几上的文青日曆今天寫著：宜軟弱。然後，眼淚大顆大顆掉下來。那種感覺就好像你一個人花了很久的時間，悶頭搭建了一座城堡。忽然吹過一絲溫柔的風，城堡「轟」的一聲，全然坍塌。

扭傷之後的第三天，我和朋友約在咖啡館聊聊。聊到最後她問我，最近過得怎麼樣？

我想都沒想回答說：「蠻好的。」

朋友笑笑說：「每次問你，你都說很好，希望是真的。」她起身拍拍我的肩膀，轉身離開。

回家的路上我一直在想，不然我該怎麼回答，真的要把開心和不開心和盤托出嗎？感冒剛好前天就又扭了腳踝，不想去醫院便買了跌打損傷的藥、最近工作處在瓶頸期，靈感似乎躲著我，新書遲遲不能截稿、「水逆」真的害死人……

不能和朋友坦白憂愁，強裝很好的那一刻，我吃力而孤獨，甚至覺得自己有點膽怯。

其實我並不想做涇渭分明的成年人，可是不知從什麼時候起，我沒有辦法在任何人面前大大方方地袒露自己的脆弱，做個撒潑打滾、痛哭流涕的孩子。要求以及接受別人的愛與饋贈，是一種能力，而我已經沒有這樣的能力了。

性格表現得太強硬終究不是件好事，或許這樣沒人能傷害到你，但也沒人能夠靠近你。

任何事都自己扛，任何情緒都要隱藏，哪怕這樣會很痛苦，也不願給別人徒然添增煩惱。嚴禁自己張口向別人索要關心，其實也是一種殘缺。

#

捷茜很久以前交往過一個男朋友，年長她幾歲，那時候捷茜是個愛哭鬼。平時遇到難過的事，她擔心對方嫌棄她幼稚，只能背著他悄悄喪氣。那年國考捷茜順利通過筆試，然而在複試中被淘汰了。從考場出來，捷茜打電話給男朋友，剛一開口就「哇」的一聲哭了出來。電話那頭沒有半點安慰的意思，只有冷冷的一句：「我準備了兩個月的提案被撤銷了，我都沒跟你訴苦，國考被淘汰這種事多了，也沒看人人都像你這樣哭，好了好了別哭了，多丟人。」捷茜掛斷電話，那種涼進心裡的滋味，別人根本無法感同身受。

「我坐在花壇邊，用圍巾把眼睛死死遮住，流出的淚水瞬間被圍巾吸走，那樣我會覺得自己並沒有哭。」捷茜說這句話的時候，我心裡顫了一下。

一個月後，捷茜陸續收到幾家公司的錄取通知書，她選擇了更能發揮自己專業的那個職位。公司給她租了公寓，薪水比她預期的高。捷茜說，工作確定那天，她的男朋友及幾個好友一起來為她慶祝，她以為自己會非常開心，但事實上並沒有，她出奇地平靜。她說她男朋友說得沒錯，國考大軍成千上萬，被淘汰的人多到數不清，可她在那個當下就真的只想哭出來，她知道哭解決不了任何問題，可她就是想難過一會兒，卻沒有被允許。

在我們長大到一定的程度之後，尤其在勵志雞湯當道的今天，難過總顯得「不合時宜」，眼淚必須是隱密的，甚至是奢侈的。或許是太沮喪太想哭的那個時刻忍住了，心裡就此打了一個結，所以連後來值得開心的事也會打了折。

我看到過這樣一段話：每一個我們覺得想要失聲大哭的時刻，後來看上去都矯情得要命，但在當時它就是天降陰霾，就是狂風驟雨，就是一枚突兀的、凶猛的深海炸彈，誰也不信平靜的水面下有過一聲轟隆作響。但那顆炸彈，是真的被投下去過。而你靜靜地站著，不想讓任何人知道。

所以難過這件事根本無法做比較，你忙了幾個月的提案最後沒有通過；他投出的十幾份履歷都石沉大海；我因為幫同事揹黑鍋被主管批評，哪個更慘？哪個更值得哭一場？我們是無法判斷的。但我肯定，每一個難過在那個當下都是真實的，不是表演，不該被比較，也不低級。

人為什麼懂事，是因為沒有一個可以在他面前肆意示弱的人，環境所迫沒有別的選擇，必須懂事。

在許多個我們試圖要卸下外殼的一刻，被告知「不許哭」、「會丟人」，然後我們憋著試圖堵住難過的傾瀉，逼迫著自己變成一個不太容易難過，或者說根本不敢太難過的人。

#

辛欣出差，路過我這裡停留了一天。許久未見，她變得越發漂亮，走路帶著風，自信滿滿。

她說上個月發表自己的學術論文，剛剛升了講師；看好了一戶有電梯的新房，準備過幾天去交頭期款；預定了年底去國外的旅行。我真心替她高興，那個剛工作只拿25K的小女生，短短幾年就能有今天，實在是不容易。

聊天時我問：「你爸媽身體還好吧？今年過年回家，我要去看看叔叔阿姨。」

「我爸爸上個月去世了。」辛欣放低了聲音。

「怎麼從沒聽你說過？這麼大的事情也不告訴我？」

「胃癌，檢查出來的時候已經到末期，一週就走了。事情來得太突然，就沒和大家說。」

「你都沒發一下動態。」

「發過，但我在第二天一早趕飛機的路上刪除了。」

辛欣說從得知父親的病情到辦葬禮，一共十天，這十天裡辛欣沒有流過一滴眼淚，她說她滿腦子都是「不能哭不能倒下」。那天忙完父親的葬禮，送走親朋好友，一個人回家整理父親的遺物。在一個老舊的皮箱裡翻到一本褪了色的紅皮證書，是她小學五年級那年獲得的「資優生證書」證書。辛欣再也挺不住了，把父親的衣物和那本被父親小心收藏起的證書緊緊抱在懷裡，號啕大哭。

她說，自己不能在人前失聲哭泣，她一直硬撐著，直到那一刻她想認輸、投降，任由脆弱感排山倒海般襲來，任由情緒宰割撕扯，淚水奔湧而出。

第二天天亮，枕頭上的淚痕已經風乾，悶在被子裡的哭聲也已消散。起床洗漱穿衣，開車去機場。她說之前自己在潛意識裡一直在逃避父親去世的事實，她假裝沒事，假裝這一切都沒發生。反而是痛哭後的自己，變得不再那麼壓抑，她坦然接受父親確實離開了，她還有媽媽要照顧，還有工作要跟進。昨晚的歇斯底里是真的，第二天恢復到平靜坦然的狀態也是真的。

後來，辛欣還跟大家在群組裡閒話家常，但唯獨對父親過世的事隻字不提。在社交平臺上，在日常生活中，她也保持著一個看起來正常的狀態，做該做的事，說該說的話。後知後覺的我，只是心疼。

一個人你看他很正常地坐在那裡，但內心卻可能早已崩塌粉碎；你看他可以若無其事地跟你講話，但卻不知道他曾在哪個角落裡痛哭過。

比如，那個坐在你對面的同事，還在跟你談論著今天中午吃什麼，但可能她剛剛和男朋友分手，被趕出家門，無處可去。

比如，那個你常去的便利商店的兼職學生，還笑著跟你打招呼，但可能他剛因為收錯錢，被老闆劈頭蓋臉罵完一頓，扣了薪水。

比如，那個你家隔壁常給你送美食的鄰居，還在提醒你明天社區停水記得做好準備，但她可能剛和那個出軌的老公辦完離婚手續。

成年人的世界，早已無師自通學會了一項本領：越痛越不動聲色，越苦越保持沉默。或許，你也曾窺見一絲絲痕跡，但不會覺得很奇怪，因為你也曾是這樣的成年人。保持沉默，自己消化，是一個人最大的自覺。

#

現代人的崩潰是一種默不作聲的崩潰；現代人受傷的方式，是拳頭纏著軟綿綿的紗布，一拳一拳地打在身上。看起來很正常，會說笑、會打鬧、會社交，表面平靜，身上沒有傷痕，沒有流血，只有一點若有若無的瘀青。

實際上沒有人知道，透過那點瘀青，心裡的糟心事已經積累到一定程度了，每一個器官都已經被那些拳頭打到面目全非。可是仍舊不會摔門砸東西，不會流眼淚或歇斯底里。但可能某一秒突然就積累到極致了，不說話、不想活，也不敢去死。

如果不學會正視悲痛，就會像深吸了一口氣，然後用餘生來憋著那口氣。沒人是銅牆鐵壁，無堅不摧。絕望的時候，會難過、會崩潰、會一蹶不振，都是再正常不過的事。如果沒有情緒地活著，才真的成了一副行屍走肉。所以，很多時候你想難過一會兒也可以。

不管到了多大年紀，都應該保留感知脆弱的能力，但別被脆弱擊垮。最好的成長，從來都不是來自傷害，或者被穩妥地保護起來；而是在被荊棘刺破皮肉，血肉模糊時敢於面對傷害，敢於袒露自己的心。

既然傷害不可避免，很多事不由我們控制，那請你偶爾放自己一馬，大哭一場，天亮後再做大人。

#

長大是一件掃興的事。

從前我們是愛哭的，喜歡依靠別人。如今，總是對著世界擺出一副冰冷冷的撲克臉，變成習慣硬撐的大人，心裡做好了各種高度警戒，用來應對各種妖魔鬼怪和突如其來的惡意。好處是終於學會了堅強，學會抵禦生活裡一切的不善意；壞處是，時間一長，你會忘了撲克臉後面有愛上揚的嘴角，逐漸變得冷漠和麻木。

承認吧，我們都是在深夜裡崩潰過的俗人，沒有哪一趟險途不是讓人遍體鱗傷的。考研究所失敗、四處求職無果、工作上替別人揹了黑鍋、一個人深夜頂著高燒去醫院打點滴、相戀多年的人說不愛就不愛了……。

太多暗黑時刻，泥石流一般撲過來，讓你滿心苦澀。哪還顧得上什麼十里洋場、風花雪月，光是生存，就已經筋疲力盡了。

但我想，上天為我們安排這些磨難與挫折，並不是想考驗我們能否一笑而過，原地滿血復活，太多的經歷我們都不可能睡一覺之後便能從容面對，這些磨難的安排其實是讓你學會去承受痛楚的。

無論你在那些突如其來的艱難到來時如何咬緊牙關，總會在某一個瞬間覺得難以抵擋。沒關係，你可以在沒人的地方痛苦一會兒。與其為過去的人和事折磨損耗自己，不如好好大哭一場，然後拍拍裙擺上的灰塵，繼續往下一個路口奔跑。

有時候擁抱負能量是比宣揚正能量還需要勇氣的。因為清楚地知道自己不會被一時的痛苦打倒，即使被痛苦沒過頭頂，也依然清楚地知道，悲傷過後，依然可以像從前一樣站起來。日子還是要繼續，悲痛總會過去，你終究會自己走出來。

這樣的自信，是一個人不逼迫自己逞強的底氣。

一個人不能活得太容易，但也別把自己逼得太狠，你要有個界線。

畢竟人並不是因為強大而刀槍不入，相反的，人往往是因為強大而敢於脆弱。

在世間摔打很多年，願你依然還有被感動的能力、流淚的能力、脆弱的能力，以及永遠溫柔地看待這個世界的能力。

病態佔有慾——

不要為了面子而活，被假精緻所綁架

特語錄

人們熱衷於在社交網站上曬出自己精緻的生活，以此來達到自己的炫耀欲。

想傳達的不是「我買了一個商品」，而是「我有消費名牌的經濟實力」。

現在的人很奇怪，有人花前月下，有人花下個月的錢。「新貧族」這個詞，概括了大多數初入社會的年輕人的現狀。受過高等教育，外表光鮮亮麗，拿著看似不錯的薪水，追逐中產階級的品味和生活方式。雖然已經工作幾年了，但幾乎沒有積蓄可言。

我和曲小姐是在一次讀書交流會上認識的，她是「精緻女孩」的代表。早餐五、六樣點心擺滿了一桌，配上ＩＧ風格（Instagram 的簡稱，代表簡潔、純淨的風格）桌布和餐盤，中午和同事在五星級餐廳聚餐也是常事，晚上紅酒、牛排從來不少。她關心時尚新聞、娛樂八卦，與朋友們討論最多的，永遠是時尚博主們最近分享、推薦了哪些單品等。

有次週末和曲小姐約好去一家網紅甜品店嘗新品，我提前到她的住處等她。出門前她準備化妝，於是我看到了她社群相簿裡曾出現的輕奢風梳妝臺，實則是在雜亂無序的書桌上騰出的一塊空位，我們兩個人還順便整理過期的化妝品，準備丟掉。當看到她打開衣櫃門，狼狽地接住滾出來的大堆衣服時，我在心裡果斷移除原先贈她的「精緻美女」牌匾。

在逛街的三小時裡，她將新款包包、美顏機、麵包機及口紅禮盒一一收入囊中，還辦了一張護膚SPA的會員卡，刷卡時面不改色。

那時候我在想，這女孩八成兼職賺外快吧，這消費能力真是驚人。

那之後不久，有天深夜我收到她的私訊：「你這個月領到薪資了嗎？可以借我點錢嗎？我這個月的信用卡債還沒還。」

「可是上週我看你才買了蘋果電腦。」

「嗯，分期買的。」

後來曲小姐在我這裡借借還還許多次，每次我都能感受到她對這種財務失控的焦慮。

但她依舊時常出入高檔餐廳，星巴克新季杯款全套收集，頻繁在各地網紅景點打卡。

「起初，我只是想買剛上市的iPhoneX。一個月還一千零八十元，我完全可以負擔得起。誰知欲望和貪念就像滾雪球一樣越滾越大，我開通了一系列的借貸工具，拆了東牆補西牆。還不起就分期。我不敢考研究所，不敢辭職，只能一步一步向前。用房租和吃飯以外的每一分錢，來償還透支的每一個明天。」

我長吁一口氣，這怎麼看，都像是來自一個被欠債拖垮的人的自白。

一篇報導曾對現代人的生活狀態做出總結：能買吸塵器就不用掃帚；吃完酪梨又要吃藜麥；幾百元一張的面膜用起來也不心疼；口紅兩三支不夠，要集齊全套；租房得租獨立廚房衛浴，還要帶落地窗的房間。

追求美好的生活本沒有錯，最怕這所謂的美好，是一戳就破的表相。

這是當前社會的通病，從實體店鋪到網路商城各種慢性洗腦：犒賞自己、文青風、享受當下及各種充滿追求生活品味的宣傳，讓很多人誤以為生活就應該是那樣，不能認清自己、做好定位，盲目跟風，誤以為自己跨入了與眾不同的圈子。

精緻、儀式感、愛自己是如今各大銷售平臺慣用的行銷手段，告訴你快來買，買了你就是投資自己，用了就代表你精緻了，曬了這些你就已經超越了同齡人了。

人們熱衷於在社交網站上曬出自己精緻的生活，以此來滿足自己的炫耀欲。想傳達的不是「我買了一個商品」，而是「我有消費名牌的經濟實力」。即使買這件東西需要透支生活費抑或是分期購入的，都不重要。

習慣把物質抬到過高的位置，過於看重「被大家看到」，來標榜自己生活得很好，美其名曰「生活需要儀式感」，然而，這些充其量不過是戴上虛偽帽子的「偽儀式感」。

到底是自己真正過得舒適重要，還是活成別人眼中精緻的樣子重要，很多人已經無法分辨了。

即使是暫時地沉浸在眼前五光十色的生活假象裡，過不了多久，也會被現實狠狠地拖拽出來，打回原形。

潮流永遠屬於年輕的窮人，精心打造出來的美好，或許能讓不明真相的人羨慕不已。可是戳破虛假後，只有自己知道真實的生活有多糟糕。

這種所謂的精緻，所謂的儀式感，其實只是一種假象、一種作秀罷了。

#

曲小姐面臨的困局不是個案，而是已經成了一個群體性現狀。

大多數剛剛邁進社會門檻的新人，其實能負擔的只是剛剛好能滿足自己日常開銷罷了。

用六位數的密碼，保護兩位數的存款，是大多數人的現狀。可即便是這樣，還有很多人為了維持能被別人看到的「高品質生活」，透支著自己的未來。

其實說得直白一點，誇耀出來的「精緻」，等同於虛榮心。

不是說虛榮心不好，每個人都有這樣的心理，只是在你還不具備實力的情況下，虛榮心只會害了你。

對生活有儀式感，原本只是為了給平淡的生活加一點甜，但超出現實基礎的偽儀式感，卻會讓生活狼狽不堪。虛榮一時，最後只會跌得更慘。

人一旦開始用便宜和貴這種詞來衡量自己，便很容易陷入欲望的沼澤。假精緻榨乾的不僅僅是錢包，還有內心。而虛榮心是魔鬼，會把一個原本就不富裕的人折磨得更窮。

#

真實和精緻從來都不矛盾。

許多精緻藏在別人看不見的地方。它與金錢無關，不是物質的堆砌，而是一種由內而外的生活態度。

我之前的同事小張，她會將佈展活動用過的鮮花，帶回家倒掛晾乾，做為乾花躁插進花瓶。有次去她家，發現離衣櫃最近的抽屜裡就放了一個黏塵滾筒，穿外套前會順手清理一下。

鄰居丟棄在走廊的驅蚊草，她拿回來養得很好，她說夏天被蚊子咬了紅包後，可摘幾葉驅蚊草塗抹止癢。她不會盲目跟風選擇護膚品，會根據自己的膚質做好功課，只購買適合自己的，並且每瓶護膚品底部都貼著標示保存期限的白色標籤……。

她的包包裡有吸油面紙、口香糖、一小袋餵流浪貓的貓食，及一本最近在讀的書。穿的衣服沒有皺褶，鞋子沒有灰塵。

我非常贊同一句話：「真正的生活，是在能力範圍內享受到最好的，比平庸更講究，比奢華更自由，不必等到一切準備就緒，但也不能透支未來。」符合收入狀況的、簡約的消費觀也能做到體面的精緻，也能把生活過得有滋有味，大方得體。

精緻是處心積慮地照顧自己，不用名牌堆砌，沒有矯情做作，全是用寵愛自己的小細節集結而成，精緻點滴與生活一氣呵成，融為一體。

生活需要一點儀式感，這都沒有錯。

但真正的儀式感並不僅僅是代購幾套外國護膚品，買了昂貴的化妝品，在網紅餐廳拍下幾張照片、在落地窗前發呆那麼簡單的事。

人生沒有多少詩意，生活是一張瑣碎的網，我們在各種細碎的東西上，編織美好。精緻並不會高於生活，它是插播在生活中的一條條精彩的節目，它應該是源自內心、融入生活的。

真正的儀式感是將平常、細碎，甚至有點糟糕的生活，過得認真而講究，過得如綻放的花朵。

這才是精緻本身的意義，看上去光鮮亮麗，私底下妥妥貼貼。

小時候，我們想要一台遊戲機、一個鉛筆盒，會每天仔仔細細存下零用錢。終於等到一個多月後的某天下課，飛奔到小商店，從店員那裡接過它，像獲得了一件新的寶貝。

十年前，男孩為了給喜歡的女孩買一個禮物，窩在寢室吃了兩個星期的泡麵。小心翼翼拎著禮物，心底的潮水翻了無數個滔天巨浪，臉上卻風輕雲淡地把禮物塞到對方手裡。

那個時候，我們想要什麼都願意花時間去努力、去忍耐、去等，為什麼現在就等不及了呢？想要什麼，大不了再等等，大不了再努力一下，大不了再忍耐一會，一路追趕，自己去爭、去得到。

不要讓你的光鮮亮麗最後都變成了虛有其表。唯有你的價值配得上野心，錢包才能滿足一部分的欲望。

願我們都能不被過盛的物慾拖累，別讓自己為了面子而活，被假精緻所綁架。做個內心真正豐富且快樂的人，才可以擁抱與自己相符的精緻生活。

#

有人，
花前月下，

有人，
花下個月的錢。

OK!

2

Part two

給沒有自信的你

隱性自戀症——

千萬別以為發脾氣和討拍，世界就會遷就你

特語錄

患有「隱性自戀症」的人往往不自知。
總是想盡一切辦法自我安慰、自我獎勵，
捨不得自己受半分委屈，嘴上說著「人間不值得」，
但一頓飯能點三份外賣。

人生裡幾乎沒有奇蹟，
你得到的和遇見的，
無非是些你可以得到和遇見的東西，
但幾乎所有人都希望奇蹟發生在自己身上，
說起來，這倒是像個奇蹟。

和 Deanna 約了下午茶，她聊起最近自己手下帶的兩個業務，是兩個完全不同個性的女孩。

上週一，Deanna 整組的人去客戶公司談廣告推廣企劃。到了會場，客戶公司的線路臨時出了點問題，會議室的投影機不能使用，而 Deanna 又沒有準備紙本資料。

客戶雖然知道是自己公司出了錯，但還是十分不悅，埋怨她們考慮不周，沒有準備備份資料，白白浪費大家的時間。

其中一個女孩心裡覺得委屈，居然哭了出來。她覺得合作是雙方的事，對方投影機出了問題，為什麼不能諒解這次會議事故，居然拿己方生氣。團隊熬了好幾天做的企劃，沒有機會展示也就算了，還被順帶批評得一文不值。

她一時衝動，站起來準備跟客戶爭辯，「明明是你們……」，話還沒說完，另一個實習女孩站起來，「真的不好意思，是我們準備不夠，但既然大家都坐到這裡了，能不能給我們一個展示的機會，我們公司對這次合作很有誠意，對我們的企劃也很有信心。」

客戶明顯有些不耐煩，但還是同意讓她試試。這女孩要求借用一塊白板，在上面畫出推廣企劃的整套流程，邏輯清晰地表達了創意，並把自己電腦裡備份的資料來源和分析，列印出來給客戶看。對方幾個人互相看看，然後點頭默許。

Deanna 叉下一小塊蛋糕送進嘴裡，「我當時真的好驚訝，沒想到一個小女孩在面對突發情況的時候，分得清面子和利益。」說完還接了一句：「我們那時候就沒有這麼聰明了，不是低頭求放過，就是覺得自尊大過天，一句道歉的話都說不出，真是傻啊。」說完，我們兩人都笑了起來。

年輕的時候，總覺得低個頭道個歉，就是對自己人格的貶低，只有處處要強，處處占著上風，才顯得有志氣。後來在無數次受委屈和揹黑鍋中，才明白人要在謙卑中學會放低身段，才能讓自己走得更快，才能達到目的。

每個人都要為自己的行為付出代價，而一個人厲害與否，並不在於他能選擇跟結局討價還價，而是無論怎樣的代價，只要他選擇了，都必須站直了去承擔。

因為憤怒從來都不會沒有原因，但沒有一個是好原因。別以為只要發脾氣和裝可憐，世界就會彎下腰遷就你的美夢，這都是沒用的。只有小孩子才賭氣，成年人是解決問題。

#

真的沒有誰的二十幾歲是輕輕鬆鬆度過的，也沒有誰的工作是不委屈的。

我們常常豔羨或畏懼於辦公室裡那個來去如風、懂得殺伐決斷的女強人，卻也忘了去問，她是如何一步步走到現在的。

Ada在一家連鎖咖啡店工作，她經歷過所有職場新人都曾遇到的新人期，每天早早到店裡收拾清掃，幫出差進修的同事訂機票，給每週的例會準備場地和投影設備等，季度分享課也很少能輪到她去聽課。經常幫同事代班，有時忙得自己顧不上吃飯。

店內每個月都會進口一批新的咖啡豆，Ada和物流溝通穩妥後，會提前兩天貼出廣告。這次偏偏物流那邊出了問題，第二天咖啡豆沒有按時到店，但宣傳廣告早已貼出，已經有顧客早早來店裡想品嘗新品。

沒辦法，Ada只能告知顧客新品延遲上架。老闆怒氣衝衝地來店裡，把Ada叫進辦公室，黑著臉咆哮著質問為什麼會出現這樣的情況。Ada試圖解釋自己確實已經跟送貨方敲定好時間，是物流那邊出了問題。老闆粗暴地打斷了她的話：

「只知道從別人身上找藉口，就不知道從自己的身上找找原因。」

中午休息的空檔，Ada 一個人躲在洗手間偷偷流眼淚，卻聽見外面傳來店長的聲音。店長跟同事說，Ada 平時做事不認真，好幾次把客人的飲品調錯，幾款熱門咖啡的調配比例，到現在還是記不住。

如果不是親耳聽到，Ada 無論如何也不敢相信，那個一直對她照顧有加、耐心教她業務的店長，會在背後這樣議論她。等外面沒有聲音後，她擦了擦眼淚，回到前檯繼續為顧客點餐。彷彿就一天的時間，她就成了整個店內最笨、最不用心、做事最差勁的人。

職場和生活如同一個巨大的競技場，它不分男女，只分強弱。

#

那時候有朋友建議 Ada 換個環境試試，這家咖啡店體制嚴格，想晉升很難，而且還能借此機會離開這些欺負她的人。但她沒有。她說：「如果我自己不強大，無論逃離到世界的哪個角落，都會遇見壞人。」

如今，Ada 已經在這家店工作了三年，第二年的時候被調去旗艦店，後來晉升為店長。這三年，她還是會犯錯，也有很多次被罵得狗血淋頭，但 Ada 學會了不再抱怨老闆太苛刻、同事太無情、世界太醜陋。相反，她努力把它們都變成前進的動力。她將所有飲品的調配比例爛熟於心，工作筆記記了一本又一本，只要有進修的機會就會自費去學習。

剛剛升職的時候，公司裡風言風語，說她和老闆一定有不正當關係，公司之前從沒有過工作兩年就調去旗艦店的員工。偏巧半年後她又晉升為店長，這回謠言就更像真的了。可是她不曾反駁一句，每天打扮得乾淨得體，工作比誰都用心，她負責的門市業績一直領先國內所有門市。慢慢的，那些在背後議論她的人，見到她的時候都換了笑臉，一口一聲「姐」和「店長」地叫著。

那時候 Ada 如果在困難和流言面前稍稍彎了腰、稍稍示弱，狀況會好嗎？我認為不會，那些人只會變本加厲。從她身上我明白了一個道理——強者都在默默翻盤，弱者才會乞求放過。你弱的時候，別人的閒話最多。你看，社會多現實，但誰也無權責怪它的醜陋。在經歷無數次跌跌撞撞之後，只有一個真相，那就是當你很弱的時候，全世界的壞人都會成群結隊來找你。

這世上有些勢利是隱性的。

人們讚賞強者的偶爾心軟，卻把弱者的善良當成軟弱。有一個非常奇怪的現象，你越是強悍、越是威嚴，別人越是肯對你說真話、對你用真心；可當你弱小的時候，你對世界發出的每一個信號，都會收到諷刺的回聲。

#

如何把握分寸、如何據理力爭、如何見好就收、如何明哲保身、如何及時撤退，這些是所有教科書都不會提及的內容。

如果你飽受世界非議，就去為自己做點事，越是艱難的時刻，越不能低頭。千萬別相信你慘的時候，別人會因為可憐你而閉嘴。

弱者祈求，強者自救。弱，不該是你自怨自艾的本錢，而應該是你變強的動力，你因為它多了一份去闖一闖、去拼一拼、去改變命運的機會。當你又弱又沒本事的時候，世界是沒有公平可言的。

現實永遠是講究效率和結果的，有時候這樣確實顯得有些冷酷無情，但那有什麼辦法，不妨先做出點成績，然後再去強調你的感受，否則那些抱怨怎麼看都是矯情。

無論是被誤解、被責怪，還是真的曾經犯了錯，辯解都是最沒用的辦法。世界從來不同情弱者，只有自己撐著自己熬過來，才能徹底洗白。

心裡有無數的
「去他的」，

到了嘴邊
都成了
「好的」！

潛意識自卑——

人都是在經歷一些事情之後，才悄悄換一種性格

特語錄

這世界有太多人在自卑和自信的邊界徘徊。
無論一個人看起來有多優秀，
在心裡多少都會有那麼一個小念頭：覺得自己不夠完美。

大部分人在小時候都是在飛鏢雨裡踉蹌活著，
有的運氣差一些，被射中要害，陰影更深一些；
有的運氣好點，躲過一劫，
長大了回頭想想，還心有餘悸。

當一個人忽視了自己的價值，自然會過分看重他人在自己生命裡的來和去。於是，孤獨不再美好，失去了一個人，你便惶恐不安。

貝貝比我大幾歲，是家長口中「別人家的好孩子」。從少年到成年這漫長的時間裡，她一直是我最想成為的那種女生。

貝貝在電視臺工作，工作這幾年從助理到企劃再到節目負責人，一路升職。我大概這輩子也忘不了，有次我去電視臺一樓大廳等她下班，貝貝從電梯裡走出來，口紅顏色是不落俗的梅花色調，淡藍色包包在她的手裡晃呀晃，米色風衣被一陣風吹起，露出她纖細的小腿。

我心裡想，這是哪裡的仙女偷偷下了凡？

無論是工作日還是休息日，貝貝都堅持規律的作息時間。每天早上五點半起床，點開音樂，給自己準備豐盛的早餐，利用刷牙的幾分鐘做深蹲動作。晚餐用蔬菜、水果代替主食，慢跑五公里，睡前讀幾頁紙本書。從臥室香氛到車用香氛，貝貝會用乾爽輕柔的香水味，代替甜膩膩的花果香。

貝貝的衣著品味更是出類拔萃，在我還穿吊帶褲、蓬蓬裙的時候，她就很懂真絲襯衫的美感，飄逸到腳踝的長裙透著輕熟的性感。她極少追潮流買衣服，只在固定幾個品牌裡挑選。她的梳妝臺上有一個飾品架子，飾品不多，但每件都是值得珍藏的精品，而且她總能搭配得恰到好處。

我的第一條MiuMiu的裙子就是貝貝送的，她說剪裁精良更能襯托出腰身。那條裙子至今還是我的心頭愛，沒事就要輕輕摸一摸裙擺的那種喜愛。

當然，她的生活被很多人貼上「做作」、「矯情」的標籤，不過對於這些，那時候的貝貝根本就不在意，她依舊照著自己的節奏生活。

但最讓人羨慕的，還是貝貝有一個和她極為般配的男朋友。兩個人算得上是勢均力敵，互懂彼此。事業上互相介紹資源，下了班一起看紀錄片，週末一起出去踏青，即使宅在家，兩人也會一起做手工餅乾，拍成影片放到網路分享。兩人之間送禮物，都是黑膠唱片、復古答錄機、科技家居用品什麼的。那時我就想，以後能活成貝貝的樣子，就算是人生贏家了吧。

總有那麼一些人，永遠自帶濾鏡，光環加身，是你生活的範本，是你相信人間美好的證據，是你願意硬著頭皮想要走到未來看看的動力。總幻想著有一天，你也能領到幸運牌，翻拍他們的人生。

#

電影裡情節起伏，高潮迭轉，生活同樣如此。

在貝貝三十一歲那年，她經歷了兩次「落選」：一次是節目出了問題，導致貝貝錯過了升職機會；另一次是我們收到了她男朋友的結婚請帖，新娘不是貝貝，而是一個紮著蝴蝶結馬尾的女孩。

按理說，像貝貝這麼自帶主角光環的女孩，不應該會被挫傷自信心。可是這一次出乎所有人意料，貝貝就此像換了一個人。在和朋友碰面時，貝貝總是問一個問題：為什麼不是我？

真的有那麼一些不算真朋友的朋友，擺出一副旁觀者清的樣子，頭頭是道說上幾句，比如「你這麼好勝，時間長了男人自然會疏遠你」、「你平時的生活是有點矯情，過起日子是不行的」，再比如「聽說和他結婚的小女孩才二十歲出頭，可能歲月不饒人吧」……。

聽多了這些鬼話之後，貝貝就真的信了，生活開始像老房子的牆面一樣，一片片斑駁掉落。

當我站在她家門口，看見一屋子散落的啤酒罐和外賣餐盒，我不敢相信這是貝貝的家，更不能接受那個眼睛紅腫邋裡邋遢的女人，是我曾經的人生理想參照。

陪伴貝貝的那段時間裡，我也會陪她從小酌變大醉。貝貝像所有小女生一樣，抱著手機，不停搜尋前任男友的未婚妻的信息。酒精侵入大腦時，貝貝說：「是我不夠可愛吧，沒能給他帶去甜蜜。我把太多時間給了工作，女強人怎麼會被人愛呢？」我抱著她，心疼又難過。

大概過了兩個月，貝貝逐漸投入到工作中。可是在一些細枝末節處，總感覺她像是換了個人。沒有從前走路帶風，眼睛一眨都是星星的模樣，而是多了一點不自信和小心翼翼。

有些人在經歷了一些事情之後，真的會悄悄換了一種性格。

#

一個人安靜下來的時候我也會想，有一天自己也會這樣嗎？一步步走過來，用時間、金錢、學識、見識和愛構建起來的自己，真的會被一次職場失意、一次感情危機摧毀嗎？想來想去，還是覺得憑什麼啊？

我發現，阻止我們喜歡自己的，往往是來自外界的聲音，並非我們天生不懂尊重和愛護自己。

到底該如何面對生活中的惡評？這是每個人都要學習的課題。針沒有扎到自己身上的時候，誰都能輕飄飄地甩幾句雞湯，可是當事情發生在自己頭上，所有道理都不存在了，只剩看不見底的自我懷疑。但愈是這種關頭，不是愈應該讓靈魂和皮囊並肩作戰嗎？

我們跌跌撞撞生活了這麼久，難道因為別人一句點評、質疑，就要推翻過去的自己？別說我們了，就連國際超級巨星，每天都會遇到很多黑粉攻擊。覺得自己站在道德制高點、自己三觀最正確、活法最值得學習的人簡直太多，可是我們幹麻要相信他們說的話呢。

憑什麼別人說你生活方式矯情，你就放棄精緻的生活態度，變得邋遢隨意；憑什麼別人說你是工作狂，你就要轉移注意力；憑什麼別人說你不行，你就真覺得是自己不夠好、不值得被愛？

那些我們讀過的書、保持了那麼久的好身材、睡前讀一篇英文故事的習慣、花了很多冤枉錢培養出的衣品，都是為了成就自己而存在的，並不是為了任何人。

你我她，誰沒做過別人倒數第二個戀人？誰沒在選擇題裡敗下來過？誰不是在各種「你不行」、「你不好」、「你不被愛」的攻擊中長大？這些攻擊可能還是來自你最親最愛的人。自卑感人人都有，沒有深夜痛哭過的人，哪有資格說人生。

每個人的生活都在被別人審視著，尤其是女人，樣貌身材、智商情商、愛情婚姻，永遠有人比手畫腳，永遠都有人在質疑、在否定。然而，**你是有多不愛自己，才會相信別人攻擊你時說的話？**

在獨自行走的時間裡，就好好愛著自己，活成想要的樣子，千萬別懷疑哪一步走錯了，正是那些東西支撐著你，成就今天的你。就這樣獨自發著光，明亮也好，暗淡也罷，等待下一個對的人出現。

#

我看過一個問卷調查，百分之六十的人覺得成功最大的障礙，不是不努力，也不是不勤奮，更不是不聰明，而是——自我懷疑。

我究竟應不應該相信自己？

我厭惡我自己，也厭惡現在的生活，該怎麼辦？

這個世界上很多東西都會慢慢消失，臉蛋、身材、金錢、權勢，唯有對於生活不計回報的熱愛不會朽壞。別怕，也別膽怯，生活就是這樣，沒有遇到點險惡，你不會長大。你想要的，如果老天不給你，你只有努力去爭取，才能不辜負愛你的人，不辜負你自己。

不要沮喪、不必驚慌，做努力爬的蝸牛或堅持飛的笨鳥。

不去向神佛祈禱賜予好運，只在最平凡的生活裡努力，才有機會在未來的某一天，站在最亮的地方，活成自己曾經渴望的模樣。

希望以後你回想起曾經勇敢又帶著些許傻氣的自己，是熱淚盈眶的，是能夠被溫柔對待的，而不是「我本來可以……」。

希望你的笑容都是發自內心的，希望你做的都是自己熱愛的事。

我非常認同這樣的一句話：「真正屬於你的東西，是不需要用痛苦來堅持的」。

這並不意味著過程中不會出現痛苦，而是無論多麼難、多麼累，你咬著牙做完之後都會獲得巨大的滿足，是那份滿足和成就感在支撐你前行，而不是痛苦本身。

寫到最後，有個小小的感嘆。

幾乎每個人都經歷過家人、老師、朋友語言上的攻擊或者冷暴力。被直接奚落蠢、醜、胖、被隨意貼標籤、被無辜討厭、被莫名馴化，被一次次拎著和別人比較。真的追究下來，每個人都能寫一本被傷害史吧？

大部分人在小時候都是在飛鏢雨裡踉蹌活著，有的運氣差一些，被射中要害，陰影更深一些；有的運氣好一點，躲過一劫，長大了回頭想想，還心有餘悸。

不要相信
成功的人都是孤獨的，

好像失敗了，
就有多熱鬧似的。

持續性沮喪——

你總說自己很累，可是誰又活得一帆風順？

特語錄

人生很多時候不是故事，
而是一個個的事故。
不過命運大多如此，但如果這樣都沒有弄死你，
那它就會把你帶到更暖、更明亮的地方去。

你有沒有發現，運勢永遠是動態的，是有週期性的。頂峰未必人人都登上去過，但低潮誰都有過。學業受挫、職場碰壁、愛情受傷，四面楚歌。

在生活的暴擊下，永遠比的是誰更抗壓。

週末晚上和朋友看完電影出來覺得口渴，很想喝冰涼碳酸飲料。兩人沿路找便利商店，路過一家居酒屋，有一個女孩坐在臺階上，一邊小聲哭一邊拿著手機說：「沒關係，我沒事。」她的手提包開著，鑰匙、提款卡、零錢、口紅散落一地。

我低聲問朋友：「一個女孩子太不安全了，要不要報警？」

朋友笑笑：「成年人了，誰心裡還沒點事，大概就是難過一下。」

等我買好飲料原路走回來的時候，那個女孩已經離開了。其實我多買了一罐，原本想遞給她，和她一起坐在臺階上。

大概每個人都有過失戀、失業的經歷吧？躲在家裡喝得爛醉如泥，也或許整整哭了一個月，像個傻子一樣不斷地自我懷疑：為什麼那個人不喜歡我了？為什麼那個公司不要我了？為什麼生活好像只跟我開玩笑？找不到出口，蜷縮著身體，很冷很冷。不知道還要熬多久，不知道還可以堅持多久。

像有人拿著刀子在你的心上惡狠狠地劃了幾下，沒有人知道你會有多疼，你只要想起來就會顫抖。那個階段你或許每一天都過得渾渾噩噩，失去了那些人、失去了那些事，就好像失去了整個世界。

直到有一天，你看到他在動態上發了一張新女朋友的照片，也發現身邊的好朋友們都過得很好，你突然發現在這段時間裡，給了自己太多的內心戲，將自己折磨得痛不欲生，而其他人的生活都在按部就班地向前走著，自始至終就只有你一個人還停留在原地。

痛了後你才明白，眼淚解決不了問題，懦弱交換不來同情。上天從來都沒許諾過，長大以後的路會比前面好走一點。

十六歲的時候，你所關心的不過是跟同學鬧了彆扭要怎麼和解、月考成績又下滑了三名如何跟父母交差。十八歲的時候，困擾你的無非是大考成績，要上哪一所大學、學校的口碑如何、室友是否好相處。

二十五歲的時候，你替同事揹了黑鍋有口難言，剛步入職場的不適與茫然讓你發愁。二十七歲的你暗戀同一座辦公大樓上班的男神，可是接觸了才發現對方是個花心渣男。三十歲的時候，你為三姑六婆逢年過節的逼婚不勝其煩，賭氣在大年夜將自己鎖進書房，覺得這就已經是人生至苦了，但你從來沒想過，接下來的人生，偏偏就更艱難。

這個世界上不只你一個人有低潮期。每個人都有自身的局限，在漫長的人生長河裡，老天不會饒過誰，每個人都要被迫經受不同的挫折和傷痛。不信你去感情社團裡看看，每一則發文都苦得讓我們懷疑人生。

命運總是變著法子去考驗一個人，它總會挑一個時間，把你丟在冰冷的、氧氣稀薄的地方，讓你不得不拼命地大口大口呼吸。感覺整個人枯萎了、頹喪了，不想哭也不想傾訴。好像腦子生了鏽，手腳罷了工。倒楣起來連喝涼水都塞牙，可是生活又有什麼勝利可言，不過是挺住意味著一切。

人生很多時候不是故事，而是一個個的事故。不過命運大多如此，但如果這樣都沒有弄死你，那它就會把你帶到更暖、更明亮的地方去。

在這個不知所措的年紀，一切都那麼不盡如人意。於是我們會領教世界是何等凶猛，如果你現在過得不是那麼順心，那麼恭喜你，或許你正走在人生的上坡路。

#

同事簡西剛離家工作的第二個月，母親和姐姐在老家因為車禍離世。她請了三天假，處理家裡的事，把年邁的父親接到自己身邊同住。上班後依舊認認真真做好手頭的工作，雖然經常看她眼睛紅紅的，午餐吃得不多，一個人在天臺發呆，卻沒在工作時流露出一點悲傷的情緒。

有次簡西因為少複印一份檔案而被部門主管當眾責備，有同事想把她家裡的情況告訴老大，卻被簡西攔下了。她強忍著眼淚，翻出粉餅和口紅想要補妝，說：「我家裡的事與工作無關，是我的疏忽導致工作出紕漏，這是兩件事。」

那段時間簡西在深夜發過一條動態：生活已經一團糟了，我不能讓工作也淪陷。

後來簡西順利轉為正職，幾年後成為公司最年輕的區域經理。身邊總有人說她運氣好，可是我們知道，她才不是靠運氣，她對痛苦的忍耐力和清醒程度，是很多人不可企及的。

在最難過的日子裡，她沒有博取同情，更沒有以自己的不幸來為自己做擋箭牌。簡西明白，不管自己是哭天搶地還是痛苦墮落，已經發生的事就是發生了。難的是如何走出這段黑暗，不放縱自己陷入更深的黑暗。只有這樣，生活才能一點點好起來。

別人的憐憫從來就沒有真正的療癒作用，還難免帶著少許嫌棄的敷衍。破碎的生活，要靠你自己一片片拾起拼湊完整。

前段時間網路上流行一段話：不要大聲責罵年輕人，他們會立刻辭職；但你可以往死裡罵那些中年人，尤其是有房貸、車貸、有孩子要養的那些人。

有無數次，我身邊的人，包括我自己，都會有被生活壓迫到想要靈魂出竅的感覺。面對做不完的PPT和改不完的企劃，甚至要面對一些內心非常不屑，卻無法逃避的鬥爭。很多次，我們都會忍不住在心裡咆哮：去你的，這不是我要的人生啊！

當我們年紀還小的時候，哪個不曾懷揣英雄夢想。但是日復一日，時間會說真話，別說當英雄，生活中那麼多不甘和苟且，就會把我們折騰得腿腳癱軟。

人活著，本來就是要在各種無可奈何的狀態裡掙扎。沒能成為小時候想成為的那種人，這是大多數人的無能為力。可是我們的人生，不是為了全身而退而來的。痛哭買醉還是及時止損？逃之夭夭還是負重前行？自暴自棄還是咬緊牙關站起身來？到了一定年紀，這些問題你再也繞不過去。

決定人一生的走勢，往往並不是那些稀鬆平常的時刻，而是在最痛苦的時候，你如何選擇。做出那些選擇之後，你就選擇了自己的一生。

現在有個名詞叫「心理韌性」，說的就是一個人處於困難、挫折、失敗逆境時的心理調節和積極應對的綜合能力。我一直認為抗逆力也需要正確的打開方式，絕不是無腦沒完沒了的硬撐，而是需要我們提高自己的韌性和耐力。我們不該再是一顆很硬的釘子，而要像一條橡皮筋，懂得在需要時及時發力，也明白在受創時及時止損。

電影《再見，不聯絡》中有這樣的一句臺詞：人生中有許多個十年，但如果剛好是十八歲到二十八歲，那就是一輩子了。

如果只能送你一個祝福，那我希望你別在最好的年紀，在痛苦面前束手就擒。

古代真好，
承受太多壓力會成妖、成魔；

而現在承受太多，
只能變成神經病。

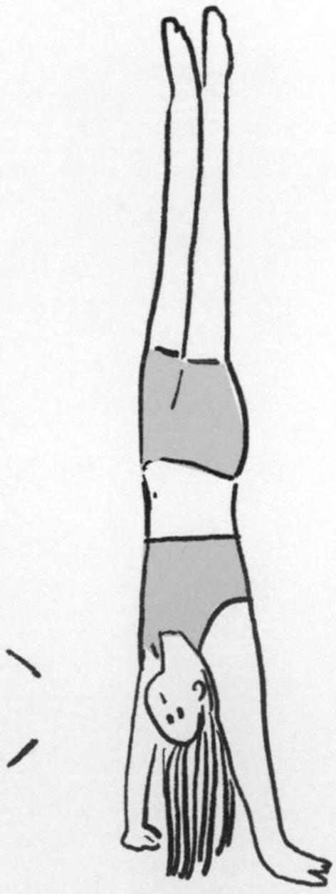

渣男體質——

你對別人的愛，在別人眼裡像是病

特語錄

無緣無故的愛太稀有，
當你遇到一個憑空掉下來的白馬王子，
千萬別以為是邱比特派發給你的。
首先要做的，就是先看清楚他手裡拿的是水晶鞋還是毒蘋果。

你喝醉時想起的那個人，基本上是不會來接你的。

安慰也好，雞湯也罷，在最後說不通的時候，我們就說：算了，是自己上輩子欠了他的。你愛的人不那麼愛你，而深深愛著你的人，你又不太理會。

我的一個朋友，就是在這樣的夾縫中生存。他真心愛著的那個人，總是被另一個人傷得片甲不留，於是他常常去充當熱敷袋、ＯＫ繃、緊急照明燈，以及免費廚師兼免費司機，但對方不但毫無感激，還經常放些傷人的狠話。他受不了了，就去找深愛他的人，拿那個人當熱敷袋、ＯＫ繃、緊急照明燈，真是冤冤相報何時了啊。

有一天在燒烤攤，他喝得有點多，說：「我的人生理想，是兩情相悅。」隨後趴在桌子上呼呼大睡。我們幾個互相看了一眼，一起嘆了口氣。

我的讀者大都是女生，留言裡問到最多的就是感情問題。不知道你們有沒有想過，為什麼遇見渣男的總是你？

或許並不僅僅是因為運氣不好，還有一個重要的原因，是不是你本身縱容了男生「渣」這個特質？

上個月的一天，我窩在家看美劇時接到朋友米粒的電話。她說想來我家，我給她傳了定位，準備下樓買點水果，順便去地鐵站接她。

許久未見，當真想念，我抱著一袋子她愛吃的梨子等她。沒想到的是，米粒出地鐵站一見到我，不顧周圍人異樣的眼光，跑過來抱住我，然後開始像受傷的小孩子一樣，嗚嗚咽咽地哭了起來。

我嚇傻了，只好一動不動地站著，等到她抽泣漸漸平息下來，才拉著她回家，給她煮了一碗熱湯麵。看著她把頭埋在熱騰騰的麵碗裡，一邊吃一邊無聲無息地掉眼淚，我心裡鬆了一口氣，還好，不管發生了什麼事，至少她還能大口吃東西，就還有救。

吃完後，米粒嘴巴一抹，說：「走，唱歌去。」到了KTV，一首接著一首，都是苦到心尖的苦情歌。

唱到最後，她終於哽咽不止，停了下來，看著螢幕發呆了十分鐘。原來她終於還是跟那個糾纏了兩年的 Daniel 分手了。

倒也不稀奇，有些人分手像出獄，有些人分手像掛號入院。

米粒和 Daniel 是在攝影興趣小組認識的，她對他一見鍾情。那天大家一起出去踏青，她看到他的白襯衫被風吹得鼓鼓的，他低著頭調試鏡頭，溫柔、專注。

從此之後，她的眼睛裡再也容不下旁人。一群人吃喝玩樂，米粒找機會在 Daniel 面前打轉，主動搭訕。此後凡是 Daniel 參加的攝影活動，米粒請假都要陪同參加，還花了半個月的生活費送 Daniel 一支三腳架。她看他的時候，眼波裡都帶著溫柔和羞澀。然而，Daniel 只跟米粒稱兄道弟，唱ＫＴＶ的時候一起飆高音，喝酒的時候拿著大杯子一飲而盡，可以聊好幾百頁的聊天紀錄。

但，也僅此而已罷了。

如果將心上人的回覆視作一種獎賞，那麼等待對方的回覆，就是享受不確定性的過程。

周圍有人勸米粒：「Daniel 擺明了對你沒意思，不要花太多時間去感動對你無感的人。」

米粒不聽，不屈不撓地繼續對 Daniel 圍追堵截。三個月後，Daniel 在一次醉酒後親吻了米粒，之後便在一起了。

倒追男神這種事就像偶像劇裡演起來看著轟轟烈烈，真的發生在現實生活中，女孩子單方面撲得太過猛烈，姿態總是不那麼好看。

因為自己特別喜歡他，便開始變得小心翼翼，變得更加怯懦，自然而然就落了下風。

沒有感受到被男友寵溺也就算了，米粒還迅速轉變成Daniel的貼身保姆。他在家叼著香菸玩網路遊戲，她就將衣衫熨燙平整；他加班忙到深夜，她煲湯送到公司；他出差半個月，她天天來幫他遛狗……，即便是這樣，Daniel還是扔下一句：我找到我愛的人了，便轉身消失在街角。

米粒問：「我做錯了嗎？哪裡做的不夠好？為什麼他會愛上別人而不是我？」她愛錯了嗎？在感情裡從來沒有是非對錯，只有心甘情願。她沒有愛錯嗎？不，她錯的是，從始至終在這段感情裡，她都過於卑微了。

大概年輕的時候，我們都會傾其所有去愛一個人吧，覺得兩個人之間遇到的所有難堪和挫折，都出於自己給得還不夠多、不夠好。於是不斷地付出，明明知道對方不夠愛自己，依舊不回頭地往前衝。被冷淡、被忽略，也從不吭聲，不反駁，假裝所有的拒絕都不存在。

太愛一個人，就會覺得什麼都是自己的錯。這樣的執迷不悟，除了感動自己，落到別人眼裡，就是無法消受的狂熱和不解。

很多時候，迫不及待追著要人接受的東西，往往顯得可疑，且不值一提。人們從來都只相信價值定律，認定了稀有和需要歷盡艱難才能得到的東西，才更值得擁有。

#

Tina 和前男友是在閨蜜的生日聚會上認識的，那晚人多，兩人眼神觸電，互加了微信。而後男生頻頻對 Tina 示好，糖衣炮彈把 Tina 轟炸到暈厥，被突如其來的幸福沖昏了頭腦。

一週後兩人談起了戀愛，Tina 沒有想過認識短短幾天，男生喜歡自己什麼，就隨便相信了男生那句「我愛你，你就是我在等的人」。

起初兩人很甜蜜，戀愛必備道具鮮花、氣球、燭光晚餐樣樣不落。漸漸的，Tina 發現男友總是背著自己去陽臺打電話，一打就是半個鐘頭，男友說是談工作。到了週末偶爾還會關機玩消失，男友的解釋是不小心按了關機鍵，自己也不知道。

有次趁著男友洗澡的時候，Tina 偷看了一眼他的手機。動態置頂了三個女孩，備註是小可愛、小寶貝和小仙女。自己在哪？估計是完了吧。

「週六去看電影吧，我期待很久的電影上映了。」

「一起去酒吧喝一杯吧，我有點煩心事只想說給你聽。」

「快期末考了，明天開始一起去圖書館吧。」

「你眼光好，陪我去買褲子吧。」

……

偶爾周圍也有人起哄：「你們兩個是不是談戀愛了？」物理系男孩則立刻回覆：「這是我妹妹，你們別亂說。」

校慶活動時，男孩代表院系演出節目，演完下臺後徑直朝敏敏走了過來，並把花遞給她，「這麼好看的花，在你手裡才配。」這種男孩在大庭廣眾下朝你走來的心動，這種撩女孩一百分的行為，有幾個女孩抵擋得了呢？還有一次大家一起聊天，講到理想伴侶，男孩一把摟過敏敏：「結婚當然要找敏敏這樣溫柔懂事的女孩啊。」

可是每每有人問起他倆的關係，男孩仍然就一個答案「妹妹」。

什麼是妹妹？還不是打著兄妹旗號的備胎罷了。他享受有妹妹在身邊的陪伴，卻不必對她的感情負一點責任。

這樣的男孩分明是在利用你給自己排遣寂寞，你卻天真地以為他心裡有你。明知道自己是備胎，還不肯走出來，貪戀那點所謂甜蜜的曖昧，真的太傻了。

你以為再多幾句關懷，再多幾次見縫插針的投懷送抱，他就會和女朋友一刀兩斷，將你從好幾個備胎中挑出扶正，從此一心一意愛你？你以為再努力一點，再堅持幾天，他就會懂得還是你最好、最完美？可是當對方抽身離去沒有半點不捨時，你已經耗盡了全身力氣。

他只是在你生活中打了個擦邊球，而你卻切實地構想過正面接殺的那一刻。

為了愛情飛蛾撲火不行嗎？

當然行。我一直都相信愛情的偉大，直讓人生死相許。可是，自我保護意識還是要有的吧，你撲火之前能不能先擦亮眼睛呢？

一個人喜不喜歡你、有沒有用心，其實是可以感受得到的。喜歡是一種特別的情感，強度和濃度都不同於其他關係。別假裝感覺不到，別習慣欺騙自己，更別被那一點點輕飄飄的曖昧蒙了心。

你抱著無限的期待，以為備胎最後終能成真愛，世界承認等待和守候。可實際上，備胎就是備胎，對方隨便一個轉身，就可以給你沒日沒夜的等待一個交代。

他不認真，你又何必當真。

#

上面故事裡的男孩算是渣男嗎？

答案是肯定的。但你想過嗎？也許換個戀愛對象，他們可能立馬變成二十四孝全能男友。

把自己放得太低，以為睜一隻眼閉一隻眼的隱忍退讓和委曲求全，就能換來愛人的一心一意。但事實上，單方面的付出和退讓，並不能讓兩個人的這場戲好看又圓滿。

女孩容易天真地以為，卑微可以獲取憐惜。人性如此複雜，你如何確定對方是懂得珍惜你付出的人？對大多數不成熟的男孩來說，你姿態放低會讓他們自然地把自己放在被愛的位置，而吝於給出半點真心。

你可以喜歡上一個不夠完美的人，也可以原諒他犯的錯，但如果你不糾正他的渣，遇到渣男的就總是你。

垃圾食品總是讓人戒不掉，正如人渣總有種莫名的魅力。渣男，都是好女孩給慣出來的。如果你沒有底線，他當然就毫無顧忌，一路壞下去。

你可能會問：「那是不是從此不能談戀愛了？」

當然不，我想有一天，你會戒掉垃圾食品裡的添加劑和各種色素，愛上健康可口的美食。還有很多捧著一顆滾燙真心的人等你去愛。

面對愛情，我看過一段很妙的話，想分享給你們：

我只不過是為了儲存足夠的愛意、足夠的溫柔和狡猾，以防萬一醒來就遇見你。

我只不過是為了儲存足夠的驕傲、足夠的孤獨和冷漠，以防萬一醒來你已離去。

#

喜歡一個人要不要付出呢？

當然要，但不要認為他會因為你的付出而愛上你，不要一邊付出成癮，一邊懷著他會珍惜你的僥倖。希望你能明白，感情這件事，單方面投入真的起不到什麼作用。

想起朋友妮妮的一件事。

妮妮和幾個小姐妹準備去港澳玩一次，在群組中隨口問了一句「求去過港澳的小夥伴推薦好吃好玩的地方」。真的是隨口問，發完訊息後她就陪媽媽逛超市去了，沒放在心上。

結果當天晚上，一個男生把旅遊攻略做出來發給了她。

攻略是用手帳APP做的，幾張長圖精細至極。有哪些是網紅打卡的景點、景點周圍哪家店的東西好吃、招牌菜是什麼、後面附的價格標注等一個不落。從這個景點到那個景點怎麼坐車最省時省力、哪家酒店價格合理又乾淨、提前預約哪個樓層可以看維多利亞港的夜景等等，那個男生全都排出來了。

妮妮說：「攻略太詳細了，你之前去過吧？」男生說：「沒有，我上網找了很多攻略，又問了一些朋友，把最合理的部分整理出來發給你了。」

妮妮受寵若驚，跟我們說起的時候重複了幾遍「你們看，多好的朋友呀」。但在我聽來，完全不是這樣的。

這男生太像以前的我了。我念大學的時候喜歡一個男生，可以為他做任何一件麻煩的事。那時候男生和他的室友會一起去網咖玩遊戲，下課後我會去買他愛吃的晚餐，打包好給他帶去網咖，有時還會把水果洗乾淨一起帶去。我不喜歡網咖煙霧繚繞的環境，可是怎麼辦，我喜歡的人在那裡，討厭的菸味似乎就可以忍了。

冬天的時候，我買了幾團白色的軟綿的線給他織圍巾。一針一線，織錯了要拆開重新弄，反反覆覆一個月才織好，然後小心翼翼送去他的學校給他，看見他收下都會好開心。

這麼輕微的、被動的接納，我都當作我們可能會相愛的佐證。

那時候的我心裡害怕他不需要我，所以才努力為他做很多事，感覺只要他需要我對他好，那我在他身邊就有存在的理由。

很久以後我才懂，一個人需要你，只能說明你對他來說是有用的，這跟愛無關，如果換一個可以提供同等價值的人，他也同樣不會拒絕。但愛不是，愛是哪怕你不能給予他任何東西，他也還是喜歡你，你能為他做什麼，從來不是相愛的標準之一。

曖昧這事，想想是挺浪漫的。

如果有人能做到持續曖昧下去也蠻厲害。但戀愛本身就像一株植物，發芽，開花，結果，枯萎。循環往復。我們得接受曖昧的消亡和冗長的平靜。

如果只是為了追求最開始的刺激、新鮮感和自我優越感，那無論換多少人，都是在把同一件事情重複很多遍而已。時間一長，浪費的是自己的情感成本。

在感情中只求付出不求回報的，往往最後都能如願以償，得不到任何回報。因為被需要不等於被愛，你有價值和可以愛你，分明是兩碼事。

真心錯付不是倒楣，也不是可憐。不管你愛上誰，都不要在交往過程中忽視了自己的內心，忽視了自己在這段愛情當中是否真的獲得了快樂。

你的真心很珍貴，要留給那個對的人。曖昧能否修成正果，看緣分、看造化，看你們兩個人的心意。

不要懷疑愛情，有問題的是人，不是愛情。

你喝醉時，
想起的那個人，

基本上，
是不會來接你的。

拖延性頑疾——

輪到你奔跑時，請別原地踏步

特語錄

懶，是導致拖延最大的原因，
早晚躺在床上是高峰期，主要作案工具是手機。
宇宙不爆炸，床都不會下，地球不重啟，我就不早起，
打起精神3分鐘就能做完的事，
光是「打起精神」就要花上3個小時。

一個人智商普通其實沒有多可怕，怕就怕你不夠聰明就算了，還懶還矯情，還喜歡作秀，那真的不得不提醒你，你的病，有點頑固。

公司人事部招聘進一位新人，人美嘴甜，同事對她印象都很好。可是才過了兩週，就聽有同事說：「這女孩履歷裡明明寫了『熟練操作辦公室軟體』，還有電腦二級資格，怎麼連個PPT都做得一團糟，現在大學生太離譜了。」

事情是這樣的：同部門的同事交給她一份下半年部門工作計畫，讓她做成PPT，下週開會要用到。本想給她的時間充足，沒什麼可擔心的，等到過了一週，開會的前一天她交了「作業」，據她說是熬了幾個晚上做出來的。

當同事打開這份「用心」的PPT時，差點不敢相信自己的眼睛。明明是一份嚴肅的部門工作計畫表格，空白處卻填充了粉色，右下角還配了一個卡通人物，整篇還有多處錯別字。這怎麼看都像是幼稚園的宣傳廣告。沒辦法，同事只好自己連夜重新做了一份。

實習期剛過，她就被人事部解雇了。那天晚上她寄信給我寫道：姐姐，這是我畢業後的第一份工作，沒想到被要求離職了，心裡好難過。我真的很努力，每天都是第一個到公司打卡簽到，做不完的工作帶回家熬夜做。為什麼公司要辭退這麼努力的我呢？

我回覆說：你確實是每天第一個到公司的，可是整個上午你的電腦頁面不是個人的社群網站就是購物網站。上次如果不是同事替你重新做了一份PPT報告，我們部門第二天就會成為全公司的笑話。你說你很努力，但是努力的結果呢？你總要讓人看到，不是嗎？

努力和裝模作樣是兩回事，沒有認真、沒有目標和方向的努力，真的更像是一種表演。所謂的不遲到、熬夜加班，很多時候只是在假裝努力感動自己罷了。

生活遠比你想像的要精明，它既敏銳，又有心機。如果你不是誠心誠意對待它，它立刻就能識破。但它不會馬上拆穿你，而是佯裝出好臉色，陪你繼續出演「很忙、很努力」的肥皂劇。

等到你的青春所剩無幾，好運被消耗殆盡時，它就會露出刻薄尖酸的臉，生生戳著你的腦門，向世人大喊：「看，這個失敗者！」

假裝努力的人沒有標準和尺度，只有姿態，以為姿態的本身是努力；假裝努力的人，眼光只盯著眼前一公尺，根本無暇看到別人的高明；假裝努力的人沒有審美觀，就像習慣買地攤貨的人，時間久了，已經不知道高級是什麼感受。

所有的不思進取，都披著「我很努力」的外衣，故作姿態的事早晚會露出馬腳。現實是殘酷的，時間花在哪裡，究竟是努力還是虛張聲勢，最後都能看得見。

#

Kitty 在我們的印象裡，「如果不在學攝影，就是在去學英文的路上」，她在社群上的發文，基本上都是跟學習有關的，每週六固定加班一天，「今天提前做好了下週的工作計畫，真好」、「加班出來看到好月色，也算生活賞糖吃了」，偶爾再發幾條「再不努力我們就老了」、「不要在最該奮鬥的年紀選擇安逸」這樣的雞湯。

但奇怪的是，她好像一直很努力，但到了月底考核，全組業績最低的卻是她。

後來有一次我跟 Kitty 在一起加班，這才明白了原因。

加班那天早上，Kitty 是第一個到公司的。這一整天她確實沒有離開過公司，可也沒有真的在工作。去書架那裡拍拍照片、玩手機小遊戲、聊一下天、登錄購物網站下單一件裙子等等。

到了晚上大家準備收工下班，還說要不要小聚一下，畢竟大家加班都很累。Kitty這時候才開始急了，連忙說「不去了不去了」，然後一邊悔恨自己又浪費了一天的時光，一邊焦頭爛額地開始胡亂做PPT。

我扭頭看看Kitty，想起過去的自己有一個階段也是這個樣子。週五下班時帶一堆工作資料回家，在腦子裡把自己整個週末都安排得滿滿的。可是到了家，看電影、追劇、抱著可樂、洋芋片和閨蜜聊聊八卦，哪一個都比工作更有吸引力。至於那些資料，週一早上只好怎麼揹回去的再怎麼揹回來。

很多時候，我們加的不是班，是自我安慰。

不管是我、Kitty還是那位實習生，都不是特例，因為這樣的人太多了。轉發一篇勵志雞湯文，就證明自己開始覺醒；聽了一節演講，就幻想自己成為成功人士；辦了健身會員卡請了私人教練，每天去拍照打卡，然後沖澡回家。乍看自我要求真高，井井有條，但每一個項目都不了了之。

這些都是年輕人「假裝很努力」的通病在作祟。實際上，你的假裝努力，欺騙的只有你自己。

這所謂的「偽工作」，指的是查收郵件、瀏覽網頁重複做著同一項工作，雖然這類事項與工作有一定的聯繫，但它們並不能幫助你實現重要的工作目標。同時，在工作時間內虛度光陰，一事無成時，也是一種偽工作的狀態。

#

你難道沒發現，真正努力的人反倒越低調。

我們宿舍之前來過一位考研究所的學姐，在宿舍裡住了一年，我從來不知道她每天幾點出門去自習室，每天晚上幾點回宿舍。因為我早上醒來、晚上睡著的時候，她都不在。

後來她順利考到心儀的大學讀研究所，我們在寢室為她慶祝。問她才知道，原來每天早上四點她就從宿舍離開了，那時候我們還在呼呼大睡，她會帶上書輕輕關上門。

你看，在那些真正用心努力的人眼裡，努力只是一種習慣，一件每天都要做的平常事。他們不會覺得做了一整本的練習題是多厲害的事，也不認為早起晚睡的自己有多偉大。

當這些在其他人看來很努力的事，一點一滴融化進生活之後，會變成習慣，自然就沒什麼好炫耀的了。

失意的人總是把失敗的責任推卸給命運，從來不肯面對真實的自己。既不想付出與回報同等的努力，又想盡可能多刷點存在感和虛無的成就感，那就真的只能靠修飾幾張照片，誇大那星星點點的付出，來博取別人的關注，以掩蓋技能和實力的不足。

努力的過程通常是不具備說服力的，它沉悶、無味、平凡。

偶爾自我鼓勵鼓勵就好，沒必要當作天大的事情自我感動，不要把自己的辛苦看得那麼重要。騙自己的時間久了，也會將一些不存在的事誤以為真。最終，我們在不知不覺中辜負了生命，同樣也辜負了最好的時光。

「努力」不是一場盛大的舞臺表演，更像一場孤獨的奮鬥，不需要鎂光燈一直打在你身上，也不需要那麼多的人站在臺下為你鼓掌。

經常吵嚷著要加油的人，往往會把事情搞砸，而那些真正努力的人可能什麼都沒說，只是默默低頭就把所有事都做好了。

給自己一個完整的交代，給別人一個驚豔的結果，成就感遠大於長篇贅述後的自我感動。

「積極的廢人」是指那些儘管心態積極向上，行動卻宛如廢物，往往會在間歇性享樂後恐慌，時常為自己的懶惰自責的一群人。聽起來莫名心酸，有人辯駁說，積極廢人不是懶，只是太弱。但真正用力生活時你就會發現：一時懶惰不可怕，可怕的是假裝努力。

一直覺得「努力」是很雞湯的話題，畢竟呼喊「我們很年輕啊，要努力」的人太多太多，以致於我們僅僅被自己的聲音感動，而在呼喊戛然而止的時候顯得無所適從。

更何況，假裝努力這事其實特別虧。你想，努力的時候你沒努力，到了玩耍的時間又沒辦法踏踏實實地玩，心懸在那裡。該學習的沒學到，玩又玩不痛快。

永遠不要用戰術上的勤奮，去掩飾戰略上的懶惰。你需要的可能是一些耐心和沉著、思考和改變，絕對不是只停留在腦海裡的一些想法，絕對不是做出來給別人看的模樣，更不要習慣了「我很努力」、「我一直在努力」的假象。

別假裝努力，因為結果不會替你圓謊，老闆不會陪你演戲。

那些正在日益清晰的、從心底升騰出來的渴望，以及那種始終野心勃勃的進取狀態，才是一個人格外耀眼的光環。

取悅型人格——

一個人是否成熟，要看他被欺負時的樣子

特語錄

在隱忍中不出聲的人，
看上去是在維護關係，
其實是在把關係往更糟糕的地方推。
自以為是的善良和無藥可救的惡一樣可怕，
都是藏著砒霜和匕首的。

有人說，善良是一種世界通用的語言，它可以使盲人感受到、聾人聽到。可是低情商的善良，卻是一種變形到失聲的語言，正常人都感受不到它，更鮮少魅力可言。善於妥協的人很寶貴，但是只會妥協的人，就一言難盡了。

家境貧困的小可在讀大學期間，週一到週五的中午會去學生餐廳當工讀生，到了週末就去當家教。小可希望能夠自尊自強，透過自己的努力活出一點底氣。

學校每學期都會有一次學生困難補助發放，由班級投票選出三名可以領取補助費的同學。小可和班長是同宿舍的，平時兩人關係也比較要好。在投票的前幾天，小可和另外兩個同學去打掃輔導員辦公室，在門口聽見班長和輔導員說：「小可的家裡條件不好，今年的貧困補助，請老師多考慮一下她吧。」

這一番話令站在門外的小可感到非常尷尬，臉紅得像蒸熟的蝦。

小可之所以去兼職當家教賺錢，就是不想再接受學校的貧困補助。我們相信班長是熱心腸，想幫助小可爭取補助名額，可是這樣的善良，讓小可覺得非常難受。

在大庭廣眾之下揭露別人的窘迫，雖然是發自善心，但卻非常不妥當。每個人的自尊程度不同，對事情的看法也不同，那些無心的話一出口，很可能不僅得不到真心的感激，還會為他人帶來莫名的尷尬與困惑。

一個情商高的人，能夠時刻令自己舒服、令他人愉悅；懂得在不動聲色間表現自己的善意；知分寸守底線，即便寒冬蕭索，也能令身邊的人如沐春風。而一個善良且自帶高情商特性的人，是世間最難得的珍寶，是最耀眼的光束。

自以為是的善良和無藥可救的惡一樣可怕，都是藏著砒霜和匕首的。這世界就是這樣，有善意、有熱情、肯伸出雙手，還遠遠不夠。你的善良，還必須帶點高情商。

#

這世界上老實人永遠最委屈，別人覺得他脾氣好、善良，麻煩他多做點事那也是天經地義，誰叫我們是同事、是親戚、是朋友呢？

瑩瑩的男朋友就是圈裡出了名的大好人，幾乎是有忙必幫、有求必應。

瑩瑩男友有位大學同學從老家來找工作，在他家借宿，一住就是半年。瑩瑩週末去男友家做飯、打掃都感到十分不方便。

按理說，兩人這兄弟情應該很堅固了才對，誰知兩個大男孩不久前在群組裡吵了起來，各自退出，不歡而散。

原來，瑩瑩的男朋友是學設計的，那位同學暫住的這段時間，經常找瑩瑩男友幫忙做履歷、設計圖。那位同學找到工作開始實習期間，經常加班到深夜，不得不找瑩瑩男友幫忙分擔工作量。

有一次那位同學直接傳了一個資料夾給瑩瑩男友，說這個禮拜要用，讓他趕緊幫忙修一下裡面的圖片。瑩瑩男友打開資料夾後整個人都傻了，裡面大大小小的圖片有一百多張。

瑩瑩男友當時就很負責任地告訴該同學，這些圖兩三天之內是修不好的，至少要一週的時間，而且快到年底了，自己公司也很忙，經常要加班。何況他還答應了瑩瑩一起過耶誕節，實在抽不出時間。

結果他的同學就不高興了，說：「你說這麼多，該不會是想讓我付修圖費吧？」

兩個人因為這件事鬧得很不愉快，後來瑩瑩的男朋友無意間在群組裡看見，那位同學說自己剛剛工作的時候如何辛苦，別說是同事了，就連自己的好哥們都不願意幫忙。

一段友誼就此鬧翻了。

忍一時並不會海闊天空，只會讓別人得寸進尺；退一步並不會風平浪靜，只會讓別人變本加厲。

忍氣吞聲，是最弱的生存方式。沒有原則的善良，只會引來無數吸血鬼。

這世界是「九〇後」的，也是「〇〇後」的，但歸根究柢，還是臉皮厚的。該板起臉的時候千萬別心軟，反正那些好意思為難你的人，也不是什麼好人。如果你一直忍讓下去，這世界遲早會讓你遍體鱗傷。

人往往對拒絕陌生人不會感到抱歉，但對拒絕親近的人則會感到自責，只怕傷了對方的心。越是看重一段關係，越不忍心說出一個「不」字。瑩瑩的男友就是這樣。

我們總是害怕在拒絕後就失去了這個朋友，但其實有的時候對別人說「不」並沒有什麼關係，因為不讓別人給我們添加負擔是合情合理的。

我們天生對人際關係有一種不安全感，生怕拒絕別人就被絕交、被拋棄、被討厭。於是，能否滿足別人的需求，似乎成了我們能否被喜歡的指標，為了這個指標，就算我們委屈得千瘡百孔也在所不惜。

生活中總有很多這樣的事情，你為他人著想，辛辛苦苦為他做點事，卻絲毫沒能換來對方半點感恩。有時候，可以善良，但不能懦弱；可以不去扎人，但身上必須有刺。這樣才能更好地保護自己，免受傷害。該拒絕的時候就得拒絕，觸碰到底線的時候，無情一點並沒有錯。

永遠不要為了怕傷害別人，而違心答應一些觸犯自己底線的事，無論是友情也好愛情也罷，都要學會適當拒絕。

凡是會耽誤自己事情的求助，我們都該考慮一下幫忙的後果。用恰當的語言，暗示你的原則不容越線。用恰當的方式，讓對方知道該適可而止。

不要害怕拒絕他人，如果自己的理由出於正當。無原則、無底線的善良，就是在縱容別人侵犯你的權利。

做好人可以，但別做爛好人，否則最後吃虧的還是你自己。

當一個成年人開口提出要求時，他的心裡早預備好了兩種答案。所以，給他任何一個其中的答案，都是意料之中的。接受被拒絕，是每個成年人都該具備的心理素質。

永遠忍讓、永遠不為自己爭取、永遠打落牙齒和血吞，那不是好人，是無能。

你越是遷就，別人越是會得寸進尺，你越是心軟，別人越是肆無忌憚。不要害怕拒絕別人會破壞彼此之間的關係，不要擔心身上的鋒芒會讓人覺得你刻薄、不近人情。

真正愛你的人不會因為你的直率而疏遠你，不懷好意的人卻可能利用你的善良傷害你。

當你有原則、有底線、有立場、有主見的時候，他們反而會尊重你、遷就你。

#

這世上從不缺善良，缺的是原則。

如果你總是被欺負，那麼你該反思自己，是不是一個「被動內疚」的「爛好人」。

心理學家霍夫曼解釋過何為正常的「內疚」：當一個人主動傷害他人，或違反了道德準則，而產生良心上的反省，並且希望對行為負有責任的心態，這是內疚，是正常的。

不正常的是，對於爛好人來說，他們往往過於關注他人的感受。對他們來說，「拒絕幫助別人」就和傷害他人沒有區別，從而引發強烈的內疚。將別人的情緒、感受放在第一位，任憑自己平白遭罪。

不幫助別人，就要背負惡人的名聲嗎？

請你記住，人善被人欺。如果收起你身上所有的刺，你只會被人戳扁捏圓，被踢得老遠；展示你的原則與力量，別人都會知道你不好惹，反而對你肅然起敬。

沒有人會真的喜歡「中央空調」。真正有吸引力的人，都是擁有堅定態度的人。我們都只會因為能力而得到工作，只會因為專一得到愛情，也只會因為交付真心而得到友情。所有的這寶貴的一切，都不是以沒原則的善良獲得的。

實際上，沒有人會因為你的硬撐而理解你。那些不珍惜你時間成本的人，為什麼要一再遷就他們？

真正的善良不是無知地一味付出，對別人善良之前，要先對自己善良。要有自己的原則和底線，一旦事情超越自己心中定好的那條線，便及時地克制，過度的善良只會害人害己。

有些人不敢拒絕他人，有些人卻是不會拒絕他人。拒絕他人需要一定的技巧，有時需要用簡單直接的方式讓對方死心，而有時也需要用婉轉的方法使對方好接受一些。

拒絕雖然會讓人失望，但婉轉卻將失望降到了最低的限度。它既沒有讓他人覺得很不舒服，也能夠讓對方理解你的原因。在你確實不便幫忙時，直接拒絕是最有效、最正確的方式。

當我們兇狠地對待這個世界時，這個世界突然變得溫文爾雅了。你堅硬無比、立場鮮明，世界反而會對你溫柔以待。

他人對你的尊重，從來不是因為你的順從。懂得適度拒絕，才能讓別人看到你的原則和底線，也才能讓自己從瑣事纏身中得到解脫。

這世界是「90 後」的，
也是「00 後」的，

但歸根究柢，
還是臉皮厚的。

OK

3

Part three

給害怕貧窮的你

做夢式暴富——

如果賺錢也要別人催，那你一輩子也就這樣了

特語錄

你要說我嫁不出去，
我根本無所謂，
你要說我發不了財，
我會擔心好幾晚睡不著覺。

錢重要嗎？

我想等你真正擁有了它，才有資格說它不重要。

週末一大早就被 Jenny 從被窩裡拉出來。

「快起來，吃完早餐後我們去逛街。」Jenny 一邊推著我去洗手間洗臉漱口，一邊說。

「大小姐，你前幾天剛買了一雙高跟鞋。」

「就是要給那雙高跟鞋配個人衣，下週我要去參加同學會。」Jenny 拋來一個眼神，我使勁點點頭表示秒懂。

如今的同學會已不再是「老同學見面憶青澀年少」的主題了，而是相互觀察打探，各懷心思的名利場，對於女孩子來說更微妙的是，初戀或者前任也可能出現在聚會上。

Jenny 深知這一點，所以至少在行頭上不能失分。

Jenny 看中了一件外套，長度剛好顯出她的高䠷，橘紅色襯得她氣色極好，大氣中帶著少女的活潑感。Jenny 來來回回在試衣鏡前徘徊，整個人氣場全開，頗有「我就是正宮」的味道。

可是悄悄看了一眼價格後，Jenny的臉色立刻就變了。她把價格扯過來給我看，果然，一眼就看上的東西，大多是自己買不起的。三萬多的價格差不多要花掉她一個月的薪資，這意味著，這個月只能靠泡麵度日。

「連細節處都做工精良，款式也算百搭。不然你狠狠心收了它，這個月來我家吃飯。」

「衣服是不錯，可是……」

正在Jenny猶豫苦思時，店員走過來，面帶僵硬又不失禮貌的微笑說：「小姐，您這樣試來試去，衣服刮到您的首飾或者擦到口紅，我們很難處理的。」

Jenny順勢脫下遞給店員，店員接著說：「您不買的話，我們就收起來了。」

Jenny拎起包包，挽著我一溜煙地走出商場，也沒有再去別的地方逛，直接回了家。用她的話說，店員雖然話裡話外讓她感到難堪，但真正讓她難過的，是自己沒辦法拿出卡，大聲說：「衣服包起來，本小姐要了！」她也可以咬咬牙買下這件衣服，可是，對一個快三十歲的成年人來說，大概在心理上很難接受節衣縮食，或者靠朋友養一個月的生活吧。

很多時候，一個女孩子的底氣、尊嚴和生活品質，真的就全在那小小的金錢符號裡。不要說女孩子虛榮、盲從。這樣的小心思，難道你沒有嗎？

所有的選擇困難症，都是因為窮。窮困帶來的最大的痛苦，是根本沒有選擇「要」或者「不要」的權利。擺在面前的只有一條路，那就是要不了。

#

前段時間看的一檔電視節目中，有嘉賓提到父親生病住院，她說自己在這件事上，唯一慶幸的是有足夠的經濟能力，給父親最好的醫療條件。她不想讓父母覺得，他們不配擁有這世上最好的一切。幾乎所有的人，都被她的這句話感動得淚流滿面，我也在那一刻變成她的粉絲。

年紀小的時候，真的是一人吃飽全家不餓。慢慢年紀越大越發現，只有事情發生的時候，你才知道自己不再是個小孩，你有責任和義務為家庭分擔，或者做些什麼。拼命賺錢的終極目的，就是希望家人能過得好。

我的外婆是患肺癌去世的。

外婆去世前因為年紀偏高而不能動手術，醫生建議保守治療，其實所謂的保守治療就是長期服藥。抗癌藥費用高昂，每次聽見家裡人討論老人醫藥費的事，我心裡都特別怕，怕因為沒有足夠的錢讓本來就瘦小的外婆承受癌症折磨。每一次外婆咳血，我心裡就流一次淚，總覺得如果有更貴更好的抗癌藥，或許能減輕外婆的痛苦。

錢這個東西，在很多事情上或許你心態好一點，多多少少可以無所謂，但在親人的疾病面前，錢就是命。

有人說，凡是能用錢擺平的事情都是小事，說這話的大多是有錢人。對窮人來說，凡是需要花錢解決的事，都是天大的事。

沒有錢你會隨時被老闆、被家庭、被朋友等這些社會環境制約，甚至被征服，因為你完全沒有抵抗能力。

錢是物質構築的保護我們的圍牆，是讓我們能夠獨來獨往的交通工具。你一定要有點錢，用來讓你不愛的人滾蛋，用來讓你和難纏的老闆說再見，用來讓你喜歡的人不再受委屈。你可以去吃串燒、買地攤貨、收集優惠券、抽獎霸王餐，當別人問你為什麼這樣時，你能勇敢地回一句：我高興。

你要用錢來給這個膚淺的世界看，讓它知道，你不是好欺負的，你是可以選擇生活、可以做自己的。錢並不能成為你所追求的全部，但它是你的底氣。

#

高中校友孫同學有天突然發來訊息，問我連假去哪裡玩了？

雖說平日裡沒什麼交集，我還是禮貌回覆：「加了兩天班，剩下的時間只帶父母在市內的幾個歷史景點逛了逛。」孫同學聽我這麼說，傳來一個吃驚的表情。她接著連發來幾條私訊，大概意思是她剛剛和家人及男朋友從新加坡回來，那邊螃蟹鮮美，聖淘沙島的美景讓人忘記時間。以及過幾天要去香港逛逛，問我想不想代購什麼。

我表示暫時沒有什麼想買的之後，以為聊天就此終止了。誰知她發來一條語音訊息說：「不如別寫書了，來我爸媽的公司上班，保證不會比你現在拿到的薪資少。」

我不得不深呼吸，回覆她：「謝謝，但我目前還沒有轉職的打算，有空再聊。」並非我不領情，而是我不相信有任何什麼外力可以當作自己的依靠，只有賺錢的能力和賺到的錢，才能成為我生活裡最實惠的安全感。

旅行圖書暢銷，旅行綜藝節目收視率飆升，一句「世界那麼大，我想去看看」撩撥了情懷。越來越多的年輕人以「再不出去看看就老了」為口號，迫不及待地想要立馬來一場說走就走的旅行。

我相信，世界很大，也的確值得我們去看看。但是出走和到達的前提，是有本錢和條件。那些含著金湯匙出生的幸運兒就不說了，大多數為生活奔波的普通人，應該問自己三個問題：我有本錢嗎？物質得到保障了嗎？旅遊回來一段時間內的資金空缺怎樣才能補上？

至少對於我而言，努力學習、提升工作能力，這些自然會給你帶來賺錢的機會和升職的好運。有了本錢，隨時都可以說走就走。山水不會跑，有了金錢為你撐腰，你想去哪裡都不會晚。

所有你想得到的美好，都是需要付費的。我只想不動聲色地默默努力著，想著再等等，等我有了本事，帶父母出去看看世界，對他們說：「出去玩，去品嘗美食，用我的錢，別心疼！」

星辰和大海，是要門票的。詩和遠方，路費也很貴的。當你還沒有達到談詩和遠方的能力時，請在當下好好努力，因為很多事情真的離不開物質支撐。

#

有朋友說：「你好好一個文藝青年，總提錢多俗氣。」

「文藝青年難道不要吃飯？」我的反問雖然簡單粗暴，但事實的確如此，不是嗎？

做自己、隨心活，甚至是放空偷懶，都是需要本錢的。憑藉自己的努力和價值換取金錢，任何人都沒有理由和藉口來無端指責。

別以為愛錢很俗氣，我們活在塵世裡，為了生活撒腿跑起來，塵土飛揚都一樣的。

這世上唯有自身的能力和銀行帳戶裡的積蓄永遠不會背叛你。你不會因為沒錢而陷入窘境，也不會因為買了貴重的衣服、鞋子而擔心下個月的生活費，因為你賺錢的能力能夠保障你的消費水準。

努力賺錢，不只為了昂頭走進精品店無須膽怯，對不喜歡的人和事可以說「不」的底氣，有本錢遠離你不喜歡的圈子，遠離那些消耗你的人，便更能按照自己的想法來活。

努力賺錢，不再和陌生人擠著合租小房間，擁有一間屬於自己的公寓，或許不必很大，但可以按照自己喜好的風格裝修，即使每天上班遠一點，也甘之如飴。

努力賺錢，失戀時不再哭哭啼啼，而是可以立刻買張機票去巴黎餵鴿子、去烏魯瓦圖的情人崖，一聞鹹腥的海風味，看海水拍打著礁石捲起層層浪花，然後回到酒店敷上面膜，止住眼淚。

我真的不想一輩子都過著買東西得先看看價格，過得一分一毫都得算計的生活。更不想在家人萬一生病住院急需用錢的時候，因為少得可憐的存款，而讓他們忍受病痛。

我愛錢，想努力賺錢，沒什麼了不起的理由。無非是讓自己和家人活得更好、想去渴望的地方、想愛渴望的人。而這些，都需要錢。這算不上勵志，因為這理由太普遍，人人都是如此。

錢買不來所有的快樂，但錢能在你和快樂之間搭上一座橋，讓你踏踏實實地走在上面，走向另一端的美好。如果賺錢也要別人催，那你一輩子也就這樣了。

#

你要說我嫁不出去，
我根本無所謂，
你要說我發不了財，

我能煩得幾晚都
睡不著覺。

改運狂熱症——

確實有人不努力也可以過得很好，
但那個人絕對不是你

特語錄

與其花大把時間考慮佩戴什麼轉運水晶，
不如回過頭好好看看自身的問題。
成長的開始，
必然是能坦然面對生活的種種不幸與難堪。

大多數人的人生，都是起起落落落落起落落落落落落起的。所有不可思議到讓人懷疑是作弊得來的事，都是咬牙死扛的結果。有閒工夫天天轉發「好運圖」、抱怨「水逆」的文章，不如思考一下自己現在為什麼這麼糟糕，及早對症用藥，才是上上之策。

昨天阿豆打電話給我，「親愛的，你有沒有覺得最近諸事不宜？」

彼時，我正一隻手撐著雨傘，胳膊肘夾著四個快遞包裹，另一隻手在滿是耳機線、面紙和口紅的包包裡翻找著鑰匙。但鑰匙還沒找到，手臂卻酸到無力，所有包裹都滾落到地上，雨傘傾斜淋溼了自己。

我看著地上散落的快遞對阿豆說：「有，比如此時此刻。」

阿豆告訴我，自從上週水逆，她每天都小心翼翼，但仍然抵不過這星運的神祕力量。而且昨天可以被評為她三十歲人生裡最倒楣的一天，沒有之一。

昨天阿豆一睜開眼，發現已經八點五分，原來是昨晚手機沒充好電，自動關機導致手機鬧鈴沒響。阿豆嘴裡叼著牙刷，慌慌張張地找新的手機充電線，腳趾撞到櫃子上，疼得她半天沒站起身。總算收拾好衝出社區大門的時候，碰到搬家公司的車堵在大門口，阿豆表示自己著急，麻煩對方讓一下，司機才慢吞吞地挪了車。

在平日裡暢通無阻的路程，阿豆的車尾被後車追撞，無奈只好下車協商處理辦法。等萬般艱難到達公司，她剛剛躡手躡腳地走進座位，就被主管叫進辦公室劈頭蓋臉訓了一頓，原來是合作公司在合約裡發現幾處明顯錯誤，對方免不了要質疑他們公司的能力，主管又是道歉又是陪笑臉。合約是阿豆做的，不訓她訓誰呢？

人生還能比這個上午更糟嗎？

當然能。

中午的時候阿豆想沖杯咖啡，發現咖啡機壞了。外賣小哥把午餐送來的時候，菜幾乎撒了一半。下班回家路上買了四個桃子，到家才發現有兩個都生了蟲。阿豆說這一樁樁的倒楣事都是水逆惹的禍。因為水逆會影響人的情緒和記憶，所以她的生活不幸、工作疏忽、感情不順，全是因為冥冥之中有一股力量在引導。

我本想卯起來點頭認同，但細想之下發現不妥。

關於合約的紕漏，光是阿豆自己跟我說起都不只一、兩次了；告訴她多少次了，晚上睡覺前不要玩手機，不但對眼睛不好，還容易沒電；至於買水果，她從來都是隨便扔進袋子裡幾個，從來不挑揀。

這樣一看，水星沒逆行的時候，阿豆的這些問題就已經存在了。其實就連我自己也是，拖延症犯了，包裹在信箱堆積了好幾天才去取，不得不一次拿回來一堆。明明是我自己懶，也賴不著人家水星什麼事。

似乎比起水逆帶來的影響，這更像是我們用來遮掩自己失敗的藉口，讓水逆「名正言順」地揹了黑鍋，心裡才得以僥倖地踏實。

#

關於水逆，搜尋網站給出的解釋是：由於水星運行軌道與地球自轉帶來的黃道角度差，而帶來視覺上的軌跡改變，水逆會影響記憶、溝通、交通、通訊等，會讓相關事宜的進行變得緩慢，甚至在過程中察覺到一些阻礙的因素，讓人感到情緒低落。

在占星術中，水逆會隨著週期與時間的輪換進入不同星座，造成相應的影響。如此看來，水逆所造成的影響或許是真實存在著的。

可是也別忘了，星座運勢從來不過是參考，個人有個人的境遇，不盡相同。

每當水逆之時，社群裡總是哀鴻遍野。

平日裡發著歲月靜好感慨的女孩們，都開始訴說自己過得有多淒慘；一向正能量化身的男孩們，也是喪氣滿滿。好似往日掩埋在微笑面具下暗潮湧動的情緒，終於找到了宣洩的出口。

當一件不愉快的事發生時，我們習慣拼命暗示自己，一切和自己毫無關係，於是找藉口為自己開脫。畢竟很少有人能坦然接受別人的批評和指責，那麼歸咎給命運，就是最好的選擇。

一開始的逃避還會自責，漸漸地，放棄應承擔的責任太久，就會成習慣，無論事出大小，總是把自己身上的責任枷鎖卸下。

水逆總會過去，當這種阻撓你的神祕力量消失後，你的生活就真的好起來了嗎？

與其花大把時間考慮佩戴什麼轉運水晶，不如回過頭好好看看自身的問題。成長的開始，必然是能坦然面對生活的種種不幸與難堪。

#

不知從什麼時候開始，許多人都在用「你不成功，不是不努力，只是運氣不好」來安慰大家，凡是信奉這句話的人，都得出了一個假結論：「別人的成功，不是努力，只是因為他們運氣好。」

我們常常懷疑，為何別人總是運氣爆棚，而自己的生活卻慢慢慢慢慢慢慢慢慢慢慢慢慢地也好不起來。這是個什麼都講速度的時代，人人都恨不得一覺醒來就坐到了金字塔頂端，比如一九九五年生的女大學生成為月入百萬的網紅主播，比如某位作者一篇爆文就贏得各大廣告商爭相合作。

但你怎麼確定他們的成名是走運，而不是沉澱後的飛躍呢？網紅主播下線後要在舞蹈室練舞到深夜，那位擁有千萬粉絲的作者，也常常因寫不出東西而苦惱，但他堅持每天要有固定四個小時用於閱讀和寫作。

運氣很偶然，但成功從來都不偶然，每一份好運降臨之前，都摻著一路的泥濘、眼淚和汗水，像滾雪球一般，帶來更多的機遇。

這些堅持了自己的選擇，並且拼盡全力做到最好的人，其實不需要謙虛地把成功都歸功於運氣；而那些什麼都不了解的圍觀群眾，更沒有資格說他們「只是運氣好」。並不是所有的努力都會收穫好運，但所有的運氣，卻一定是因為你夠努力，才肯垂青於你。

我從來不相信什麼從天而降的好運，沒有誰的成功是突發的，哪有什麼一夜爆紅，所謂時來運轉，不過是順勢而為。積極努力的人，或許連上帝也會網開一面吧。

你憑實力能抓住的，才叫好運氣。

當你不抱怨水逆，不僥倖於運氣的時候，你的人生就真的有救了。

明明打起精神 3 分鐘
就能做完的事，

光是打起精神
就要花上
3 個小時。

社交障礙——

別在人性上輕易懷疑別人，也別在道德上過於高看自己

特語錄

真正有自己內心秩序的人，
不會在表面上和這個世界的是非糾纏。
你能學會理解人性的複雜和命運叵測，
也有自己的原則、善良和溫度，
包容那些冰山之下潛藏的暗流
和他人不那麼清白的過往，就已經很不容易了。

什麼叫作內心強大？能夠和那些不喜歡的東西和平相處，卻不同流合污；堅持為美好的東西而努力，卻不為失敗或得不到而焦慮。

蘿蘿突然發來一連串哭泣的表情符號，後面跟一句「我想退休！」很明顯，這是句氣話。

蘿蘿在一家酒店集團做活動企劃，當初憑藉積極努力的工作態度和思維敏捷的小腦瓜，順利通過試用期。起初是團隊裡前輩的助理，參與活動的企劃與組織執行。蘿蘿並沒有安於現狀，而是報名了很多相關課程，僅僅兩年時間，就把自己從一個職場小白，升級成了公司企劃部的文案黑馬。

去年夏天，他們部門經理隨老公出國定居，蘿蘿成功接替了這個位置，成為該部門有史以來最年輕的企劃經理。為此，幾個朋友訂了蘿蘿最喜歡的小龍蝦火鍋，再配上啤酒，為她慶祝一番。

你一定好奇，職場前景可觀且幹勁十足的蘿蘿，為什麼沮喪到要辭職、要退休。因為問題就是從她升到經理開始的。

蘿蘿認為過去的企劃文案看似在進步，實則是老調重彈，創意度不夠，也不能突出品牌特色。蘿蘿利用加班時間做了市場趨勢調查，又透過市場部跟客戶溝通，將自己發現的問題做出詳細的報告，提交給老闆。

沒有想到這一次老闆一反常態，沒有對蘿蘿提交的資料有太多評論，而是跟她說：「你們部門的幾位企劃來公司很多年了，各方面都有值得你學習的地方，有空要跟他們多多學習。」蘿蘿嘴上應著：「明白、知道」，實則聽得一頭霧水。

蘿蘿把疑惑說給我們聽，朋友們都建議蘿蘿多跟同事溝通，多聽不同的聲音，再把工作合理分配下去。蘿蘿認為，她跟同事磁場不合，命格相剋。

比如蘿蘿想利用午餐時間跟同事聊聊關於新企劃案的想法，但他們似乎更願意八卦一下誰和誰在一起被狗仔隊拍到了。有孩子的同事會分享育兒經、聊家常。這些事蘿蘿從不關心，更不參與。再比如蘿蘿認為宣傳影片應請當紅一線小生露面，而有人認為短暫的明星效應未必能帶來預期的效果。在幾次溝通失敗後，誰都不願意再費口舌。

「好吧，那我自己來做。」蘿蘿帶著年輕的倔強，想要用成績證明給大家看。

蘿蘿忙得恨不得自己有三頭六臂，從客戶需求溝通、方案企劃撰寫、活動現場選址，再到跟進調整細節，幾乎事事親力親為。最讓她受不了的是，其他人整天閒得無聊也就算了，憑什麼他們看她的眼神裡帶著厭惡和警惕呢？

幾個月後，新活動順利舉行，蘿蘿卻在現場後臺暈倒了。住院一週裡，只有一個同事來探望過蘿蘿。更讓蘿蘿傷心的是，病假期間老闆將她手上負責的工作分了一半給其他同事。

蘿蘿在病床上拉著我大哭：「我這麼努力，又不是只為了我自己，為什麼老闆和同事們似乎都不喜歡我？為什麼？」

沒錯，蘿蘿很努力，努力的人應該得到信任與支持。

可是蘿蘿只記住了勵志雞湯告訴她的「實力就是王道」、「只要自己強大就能得到一切」，以及「無需取悅他人，更不要為了合群而改變自己」，卻不知道我們從書本裡走出來，走到接地氣的世俗裡，有一種東西叫作人情往來。

自我、特立獨行，是我們這一代人的標籤。

我從前認為它是特點、是個性，可是這些年遇見了很多合群和不合群的人，我越來越發現，在大環境下，不合群是一個缺點。你會因此錯失機會、丟失人脈。

你得先走進世界，才能找到自己的世界。

聽了許多類似例子後，我不免覺得，其實職場上從來就不缺個人能力強的人，但對於許多行業來說，團隊完美互助才更能好好地完成工作。

即使個人能力再優秀，如果你在一個團隊裡總是特立獨行，不接納別人的優秀和意見，這份負面的能量就會不自覺地影響到其他同事。

人是獨立性和社會性的統一，而人與人的互動，是一場場連續的博弈。你需要有實力，用以區別自己和他人；但也需要懂人情，才能融入更大的群體。

#

表妹剛剛工作那年，以實習生的身分參加公司的年會晚宴。

漂亮的紅色小晚禮服，配上一雙黑色細帶的高跟鞋，將二十出頭的小女孩襯托得更加動人。開開心心出門的美少女，回來時像極了過了午夜十二點後丟失馬車和公主裙的灰姑娘，滿臉寫著不高興。

「一起實習的幾個同學拉著我拼命擠往老闆身邊，抓住一切機會讓老闆留下印象。」「他們給主管敬酒，說感謝主管對我們的照顧。主管明明喜歡刁難實習生，經常對我們呼來喝去。」「整場看他們假笑，噁心的我一口東西都沒吃。明明是宴會，卻沒有紳士邀美女跳華爾滋的動人情節，太讓人失望了。」表妹一邊卸妝，一邊憤憤不平地說個不停。

我笑著說：「第一，一同實習的同學叫上你一起參加活動，說明他們沒有孤立你，這很好。第二，男女眼神交錯動情共舞，不是年會晚宴，是偶像劇。」

表妹搖著頭嘟囔著：「太虛偽、太黑暗了，我不喜歡。」

但讓她提前結束實習期的，卻不是酒會這件事，是表妹無意發現了老闆的一些私事。

「我們老闆白手起家，我把他當作勵志榜樣。老闆待人友善，不刻薄員工，我一直認為他是個好人。可是你知道嗎，他明明都結婚了，居然還有個年輕的女朋友。」

「那又怎樣？」

「你不驚訝嗎？」

「對於員工來說，他是個不錯的領導者這就夠了。人家的私生活和你無關。」

表妹一副「眼睛裡容不下沙子」的模樣，瞪著眼一字一句地說：「這公司我一分鐘也待不下去了。」

年少的時候，我們對一切不按光明規則行事的人深惡痛絕。那時的我們不明白，這世間哪有一塵不染的人，成年人的世界也沒有那麼多的清白。

別在人性上輕易懷疑別人，也別在道德上過於高看自己。人從來都是多角稜鏡，沒那麼崇高，沒那麼偉大，但也沒那麼卑劣，沒那麼齷齪。這就是世界，也是人性。

我也不是一走出校園就明白這個道理的。畢業那年公務員考試失利，我在當地的一家報社做記者，沒多久，我就發現每次我交出的新聞稿，在播出時都會被主編用更圓滑、更官腔的文字替換下來。那時的我不敢去問為什麼，心裡卻憋著怒氣，為自己筆鋒犀利、態度明朗而驕傲，認為被改動的新聞稿立場模糊，不是新聞人該有的專業態度。

半年後我準備辭職去外地工作，臨走前去和主編告別。在我說了一些禮貌上的告別話後，主編只說了一句：「小女孩，以後做人和文筆都委婉一點，沒壞處的。」

如今在職場摸爬滾打了五年，我才慢慢明白當年主編的好意。越長大越發現非黑即白、對錯分明的世界觀並不好用，甚至會讓自己撞得頭破血流。

世界才不會規規矩矩地按規則運行，太多人、太多事處於灰色地帶。三觀破碎這事誰都避免不了，而我們也正是在這一次又一次的破碎和重立中，知道我們根本改變不了這個世界，能做的不過就是規正自己。

我們人生中最艱難的任務，就是自我分析，然後試圖理解許多人生真相與我們內心相斥的部分，並化解自己與世界的紛爭。

常常有人認為，成熟就是變得圓滑世故，違心話脫口而出，還會拍各種花式馬屁。這並非成熟，而是世故。成熟是調高內心的容錯率，變得寬厚而善良，知世故而不世故，歷圓滑而留天真。

真正有自己內心秩序的人，不會在表面上和這個世界的是非糾纏。你能學會理解人性的複雜和命運叵測，也有自己的原則、善良和溫度，包容那些冰山之下潛藏的暗流和他人不那麼清白的過往，就已經很不容易了。

至於人間正義，有些你真的管不了，那不是你來人間的任務。

情緒焦慮症──

這世間所有的不盡如人意，都沒你想得那般無能為力

特語錄

當我們以為生活已經夠糟糕的時候，
萬萬沒想到，生活還留了一手更糟的。

等著別人救自己的人，一直等著，拉長脖子，
也沒有等來為自己指點迷津的貴人。
而決定自己救自己的人，一路上磕磕碰碰，
卻拿到了通往「下一關」的指示牌。

那付出總會有回報的事，為什麼不再努力一下呢？

一件事無論太晚或者太早，都不會阻攔你成為你想成為的那個人，這個過程沒有時間的期限，只要你想，隨時都可以開始。

一位大學生的讀者，留言給我說他不開心。

原來是他同學已經提前修滿學分，並且打算實習，說是這樣可以在畢業前為自己多爭取嘗試不同工作的機會，等到真正就業的時候就不會盲目。「姐，我感覺自己被同年齡的人落下了，覺得未來非常迷茫，自己又成長得不夠快，好不安。」

另一位讀者私訊說，她今年二十七歲。上個月去參加大學室友的婚禮，聽說男方家庭條件優渥，蜜月是馬爾地夫雙人遊。而她這幾年工作進入瓶頸，幾場戀愛也都無疾而終。她突然有些心慌，怕自己在工作上還沒做出點成績，就要碌碌無為地老去，更怕來不及遇見喜歡的人。

身邊越來越多的人開始焦慮未來。有人今年就要實習，有人明年就要找工作，有人二十五歲沒有男朋友，有人三十歲還沒有結婚。看著一張張年輕的臉蛋上寫著「焦慮」兩個大字，我突然想起從前的自己，同樣這般焦慮恐慌過。

人生好像過了二十歲以後，時間一直在快速向前，有太多的東西想要嘗試，有太多的遠方想要到達，可是好像根本來不及。機會變得越來越少，時間像乾癟的海綿擠不出一點水。常常感到失落和無助，突然會覺得世界很殘忍，我們太渺小，但誰都依靠不了。

我們害怕浪費時間，害怕自己一事無成，害怕找不到心儀的工作，害怕自己沒有能力給喜歡的人未來，害怕自己就這樣匆匆過了一生，到最後什麼都沒有實現。

我第一次覺得自己特別沒用，什麼都做不好，是我工作的第二年。當時和同事一起去見一位網紅直播主，討論營運推廣的事。對方遞過名片，「CEO」三個字母讓人無法忽視。對方表達邏輯清晰又接地氣，談吐大方，說起自己的想法絲毫不露怯。

臨走時我問他，「你是『九〇後』嗎？」

「嗯，一九九七年的，剛剛畢業。」

我記得當天是揣著玻璃心回家的，想想二十歲那年，真想抽自己兩下，學業以不被當為最高標準，談黏人的戀愛，正事卻一件沒做。

夜裡睡不著的時候，想著我身邊的朋友：有的出國進修，有的環遊世界，有的結婚生了寶寶，有的當上了部門小主管，而我呢，還窩在這個租來的小房間裡……。想完以上種種之後，腦子裡只有一個聲音：該怎麼辦？好像做什麼事情都來不及了。

每一天周遭的一切都在告訴我們，快點快點再快點，不然只能坐視別人撈走肉片，連口湯都不給你留。

這種恐慌就像紅燈沒有閃完就要急匆匆過馬路，每次偷懶都像偷人一樣有罪惡感，好像只要停下，就來不及到達目的地了。

#

隔年我去出差時，與好友君君約了碰面。她意氣風發的少女面龐上，帶著大女人的幹練，如今的她算得上是在圈內小有名氣，企劃過暢銷書、經營幾千萬粉絲。君君說剛進新媒體這一行的時候，感覺自己好像一無所長，走在人群裡隨時都會被淹沒。她開始慌了，唯恐一切來不及，窺探著別人的狀態。買了幾本考研究所相關的書，報了英語班，慌忙要考試。每天像處在亢奮狀態似的，白天忙工作，晚上背書到後半夜，睡兩個鐘頭就爬起來趕早上尖峰時段的地鐵。

半年過去了，君君負責管理的幾個新媒體，粉絲不見增長，後臺瀏覽量也直線下降。每天恍恍惚惚，臉色蠟黃，沒有二十歲出頭小女孩的精氣神。

後來，君君參加了一位知名出版人的演講會。有人現場提問「如何才能不被落下？或者超越別人？」那位前輩說：「一出生天賦極高的人一定是有的，但大多數還是我們這樣的普通人。沒什麼祕訣，你想變得出眾，無非就是不斷給自己補給能力，以及足夠的耐心。」

這句話觸動了君君，她開始把精力轉移到自己身上，不再一味地拿一個不可複製的他人的成就來刺激自己，也不再模仿他們努力的方式。

社交網路上，「焦慮」這兩字儼然成為爆款熱文收割流量的利器。君君說她如今並沒有殺死焦慮，而是適應了這個時代的節奏。她開始相信等待跟蟄伏都是有用的，那些屬於你內在的強大力量，那些你日夜積累起來的點滴能力，那些你從別人故事裡拿過來自己重新組建過的價值觀，才是讓你對抗這種「感覺一切都來不及」的慌張的力量所在。

當你定下心來學習、工作、生活，不在意周圍各種各樣的聲音，而是專注於提煉純度更高的自己時，你就會在這個過程中，慢慢發現自己想要成為一個什麼樣的人，但你要給自己一點耐心。

生活有太多求而不得，也許是出身註定，也許是經濟阻力拖慢了你。你還沒有活成自己想要的樣子，是常態，不丟臉。只怕你寄居在無解的焦慮裡消耗自己，或是妄想用最短的時間、最高的效率，換來逆襲和認同。

#

很多人深信「出名要趁早」，渴望一夜成名、一夜暴富。我相信運氣，但是我更相信天道酬勤跟厚積薄發的運氣。

我們每個人都一樣，都會經歷迷茫、困惑、恐慌、自卑的成長必經之路。不管摔得多疼，站起來繼續往前走，你一定能到達你想到的地方，到時候，迷人的風景會讓你忘了一路上的苦與痛。

衡量人生好壞的標準，從來都不應該是你在某個年齡是否做到了某件事，而是你是否一直走在去實現期許的路上。

我們對什麼樣的生活有期待，那這樣的生活就會反過來對我們有相對應的要求。它不那麼在乎我們的自尊，只在乎你做出來的成績，然後你才有一點點去強調自己感受的資格。

人生不只是一個接一個的不順，還有一次接一次的滿血復活。哪怕未來難免迷茫，理想還是可能蒙塵，但水遠山長，來日可期。

願你不怕來不及，也願你一步也不要停。

過度自我溺愛——

就算你真的是仙女，下了凡也要靠自己

特語錄

但願你明白，不管是上帝、關公、月老還是土地公，
個個都是大忙人，就算你真的是仙女，下了凡也要靠自己。

喜歡童話或者沒事愛幻想，都不是什麼大問題，
但如果你什麼都不做，
反而意淫自己主角光環加身，那就太可怕了。

Anne 是個來自偏鄉的女孩。畢業那年到城市求職，沒有工作經驗撐腰，沒有親朋陪伴，帶著單薄的行李和畢業證書的她，像一隻沒方向的蒼蠅到處亂闖，又像一個虔誠的信徒，滿心滿眼祈求著好運降臨。

租到的地下室房間信號弱，她就抱著筆記型電腦和小板凳，去樓梯口投履歷、打電話。在投了幾十分履歷之後，終於有一家電商公司通知她可以去面試。為此，Anne 買了一套得體的套裝，幾乎花掉了她卡裡所剩不多的生活費。

面試那天是個陰天，烏雲壓得很低很低，但這不影響 Anne 的心情。她踩著不太習慣的高跟鞋，拉了拉西裝上的褶皺，像每一個第一次參加工作面試的人一樣，緊張、興奮，摻雜著內心對未來無法遏制的期待。

然而，迎接 Anne 的卻是猝不及防的「冷水」。先是面試時間從通知的九點鐘，硬生生拖到下午一點，Anne 找了個沒人的地方，悄悄脫下高跟鞋揉了揉腳踝，又去洗手間補了補變得不太精緻的妝。好不容易輪到她進去面試，幾位面試官一邊隨意翻看了一下她的履歷，一邊表現出「我們很忙」的樣子，這讓 Anne 更加緊張，回答問題的時候免不了出現幾次結巴。

「嗯，履歷我們留下了，你回去等通知吧。」一句輕飄飄的話，結束了這場面試。

下了地鐵準備過馬路，一輛電動車急速而過，Anne 本能地向後踉蹌了幾步，不小心踩了一位阿姨的腳，「這孩子沒長眼睛的啊，踩得痛死了」。連說幾句「對不起」，也還是遭了阿姨的白眼。好不容易到了家門口，隔壁家的小狗突然跑出來亂吠，嚇得 Anne 靠在牆邊不敢動，弄髒了衣服。

這一天對 Anne 來說無疑是糟糕的。很久以後，她回憶起這一天說：「我在狹小的洗手間搓著衣服上弄髒的那一塊，那一刻特別想哭。但我憑什麼哭，又跟誰哭呢？所以我硬是把眼淚嚥了回去，洗乾淨衣服，掛好、晾乾。」

不過老天眷顧，Anne 最後進入複試，最終得到了那份工作。她從做最初端茶倒水可有可無的職場新人開始，悶聲付出了比同齡人更多的努力，如今成為部門中不可或缺的重要人物。而那個天氣陰沉的面試日，成了 Anne 生命中糟糕卻有價值的一天。

你總得見過一些冷眼旁觀，挨過一些疾風驟雨，體會委屈和眼淚悶在胸口卻不能迸發的酸楚，才會明白哭泣和發脾氣都是最沒用的事。

生活沒有給你傲人的資本，但這不妨礙你擁有不服輸的勇氣和不放棄的定力。

人往往在閒得發慌的時候最矯情脆弱，在深淵掙扎的時候反倒最清醒堅強。

#

那天跟朋友小桐聊天，說起這批應屆畢業生已經是「九五後」了，感嘆歲月把我們變成老阿姨之餘，小桐說起她帶過的一個特別的助理。

助理小女孩年紀輕輕，要求不少，脾氣不小，經常把辦公室的同事驚得一愣一愣的。但奇怪的是，這樣一個有點「不知天高地厚」的職場新手，卻是小桐帶過的新人裡她最喜歡的一個。

她每天中午要在休息室午睡半個鐘頭，期間希望休息室的其他同事能輕言輕語，以免吵醒她；團隊出差，她要單獨住一個房間，因為和同事住一起會不習慣，睡不好影響第二天的工作狀態；每個月在正常休假的基本條件上要多休一天，小桐做出企劃案後，其他同事只會照常整理列印，就拿去給上級簽字，可是這個小女孩會仔細檢查是否有疏漏和錯別字。

「和其他部門組長聊天，他們都說這樣剛剛進入職場，經驗不多要求卻多的人，為什麼不辭退她呢？」小桐抿起嘴笑了笑說：「我覺得她是個非常不錯的員工。」

這個小女孩每天都第一個到辦公室，提前列出今天要完成的工作，有哪些項目待處理、有哪些事情今天要落實、幾點開會、快遞是否查收，她把這些寫在便條紙黏在電腦螢幕邊上，完成一項就劃掉一項。在同事們吃早餐、看新聞、逛購物網站的時候，她已經進入工作狀態。

所以，這也就不奇怪，交代下去的任務，她總能高效優質地完成，而且一次比一次好。她總是隨身攜帶一個厚厚的本子，不管是開會、出差還是平日工作，想到什麼好點子、受到什麼啟發、對接下來的工作有什麼想法，都會記錄在本子上。當同事們為企劃案想破腦袋的時候，她翻翻自己的本子，總能找到些靈感。

對於一個剛進入職場的新人來說，小女孩出色的工作能力，可以讓人忽略她的小脾氣和小要求。

一個人，既要有做自己的膽量，更要有做自己的本錢。不是你覺得自己從小嬌生慣養長大，世界就該處處讓著你、寵著你。

提要求之前，先考慮一下自己現有的條件是否能匹配。你是覺得自己夠聰明漂亮，還是業務能力無法被替代？你是家世顯赫、富甲一方，還是有男友對你死心塌地不離不棄？

有性格有脾氣的本質，不是懈怠，不是打破規則，更不是無理取鬧，而是你明白自己要成為什麼樣的人，然後有能力去成為那樣的人。

我們對什麼樣的生活有期待，那這樣的生活就會反過來對我們有要求。所以，

你的野心要配得上你的能力，你的脾氣要配得上你的本事。

#

因為工作的緣故，我加入過一個寫作群組。

群組裡有個女孩，算是群組裡的活躍分子，聊天場場不落。誰出了爆文，誰簽了新的出版公司，她不是話裡話外帶著一股讓人不舒服的酸味，就是抱怨出版市場不景氣，自己沒機會。

過了一段時間，我發現大家在聊天的時候似乎總是有意無意忽略她。

出於好奇，我找管理員聊了一會，才知道這女孩將群組裡所有人都加為好友，然後只要你發了任何的文章，她一定會評論點什麼。其實這倒也沒什麼，寫作能力是一方面，有資源也是蠻重要的，多認識圈子裡的人總歸是有好處的。可讓人受不了的是，明明不熟，也沒有合作，她就要別人幫她介紹資源，推薦她的稿子，弄得大家很為難。

之前有過幾次聚會，她倒是來了，大家都覺得聚會最後的費用AA制比較合理，畢竟大家都是辛苦拿著稿費過生活的人。但這女孩卻次次拖著不出錢，「你們都是拿著稿費的大神，我哪兒比得上你們。」好像別人請客吃飯，她藉機揩油拿資源成了天經地義的事。

後來的聚會，大家心照不宣地不再叫著她。

有天她在另一個作者的朋友圈看見了聚會照片，便在群組裡沒好氣地說：「聚會怎麼沒人告訴我呢？你們都是有幾十萬粉絲的人，看不起我、不愛帶著我玩是不是？」尷尬的是，她說完好一會兒，群組裡仍沒有人接話，或許是大家在忙自己的事，根本沒時間跟她掰扯無意義的事。

過了一會，她補了一句：「既然這樣，那我退群組好了，沒想到你們是這樣的人。」然後，她就在群組裡消失了。沒人挽留、沒人惋惜，她的退出沒有激起一點漣漪，大家依舊像往常一樣聊著。

以退群組的方式表達自己的不滿，以為發了脾氣就會有人重視，以為自己在群組裡很重要，結果高估了自己在社交圈裡的地位。退群組根本沒有懲罰到誰，或許對大家而言，少了她，反而更輕鬆了。

這世上有太多普通人，喜歡在平凡的生活裡給自己加戲，讓自己顯得不那麼平凡。可惜往往是只有勇猛幹勁，沒有本事和底氣，過於高估自己，結果越折騰，越招人煩。

當你在心裡認定，那些比你厲害的人就應該多付出時，寒酸已經刻在了你的骨子裡；當你從根本上不接受禮尚往來的遊戲規則時，被邊緣化是不可避免的；當你用發脾氣來刷存在感，論證自己的重要性時，那一刻你就已經輸了。

#

不管你是做自己，還是希望大多數人喜歡你，過自己想要的生活，都是需要資本的。當你強大到一定程度，才會有隨心所欲的底氣；當你有了足夠的資本，才能真正地享有自得其樂的活法。

但願你明白，不管是上帝、關公、月老還是土地公，個個都是大忙人，就算你真的是仙女，下了凡也要靠自己。你的努力和汗水如果不夠誠心誠意，誰都沒空來白白贈予你好運氣。希望你趁早結束笨拙稚氣、人窮志短，還時不時被他人欺騙的糟心歲月。

喜歡童話或者沒事愛幻想，都不是什麼大問題，但如果你什麼都不做，反而意淫自己主角光環加身，那就太可怕了。

希望我們早點接受現實，不要把自己的無能歸為運氣不好，碎碎念的抱怨和不被買帳的脾氣只會遭人嫌。成年以後，喜怒形於色更是需要資本。

前任過敏症——

和有些人的最好結局，就是彼此杳無音信

特語錄

過去了的人就像發霉的麵包、發酵的牛奶、隔夜的茶葉，
一個好的前任就應該像死了一樣。
安安靜靜做個「死鬼」才是體面，
不要自己過得不如意了，
仗著人家曾經喜歡你，就回頭打擾。
說好聽點是舊情難忘，其實本質就是自私。

有人說，所有不能再並肩的戀人，都是當初你在茫茫人海中獨獨看到的他。如今，你只需再將他還回人海中，如此而已。

想講幾個愛而不得的故事，以及故事裡，那些前任教會我們的事。

前幾天看到了一句話：「生活不只眼前的苟且，還有前任的喜帖。」隨手分享到了小群組裡，接著群組裡便是一場表情包的對戰，過了一會，豆豆發了一句：「問題來了，禮金該準備多少？」

群組裡瞬間安靜。原來是前幾天豆豆收到了前任的婚禮請帖，豆豆看了一眼請帖上新郎的名字，覺得心臟有一絲揪緊和抽搐。一邊拼命往嘴裡塞冰淇淋，一邊掉眼淚。

這還不算完，沒過幾天，男生還給豆豆發了條長長的訊息，裡面陳述了他對兩個人過往的懷念，簡單真誠，沒有半點曖昧勾搭的意思。短信最後一句還蠻誠懇的：豆豆你這麼好，真的希望你以後能幸福。

豆豆跟我說：「你知道嗎，我曾經因為他承受了那麼多心碎，我付出了一大把光陰和期待，才不是為了一句『祝你幸福』。我一點都不想祝他幸福，更不希望他祝福我，我寧願他對當年的分手耿耿於懷，至少這樣，他會記得我吧。」

我不太明白，為什麼分開後的兩個人，會說祝福對方在別人身上找到幸福呢？難道在心裡，不是希望這人山人海只有我能將你小心收藏？太在意的東西，別人碰一下都覺得是在搶，更何況是我們真實愛過的一個人呢？你的故事裡換了主角，我在你的世界裡沒了入門的資格，我免不了要在心裡許一個壞願望，巴不得你過得不快樂，然後餘生天天念起我的好。

越是深沉愛過的人，越難心平氣和地講出那句祝福。如果你非要去別人那裡找歸宿，那我真的有一點不想祝你們幸福。

#

阿洲和達達畢業那年，同住著便宜的小平房。七月的炎夏，坐在老舊的電風扇前，互相看著傻笑。十二月的寒冬，兩個人在公車站凍得抱在一起取暖。儘管達達說了很多遍「我們可以一起吃苦，我相信會越來越好」，兩個人最終還是放棄了這段感情。

因為什麼分手的呢？可能是因為達達一年遲遲找不到工作，或是兩個人因為要不要買那個二手沙發而爭吵，又或是下個月的房租讓兩個人都感到為難……。

誰也說不出分手的原因，只知道那天黃昏悄無聲息地掩蓋了這座城市，路邊的燈次第亮起，連成一片明晃晃的銀河帶。

他們就那樣坐著，不說話，過了一分鐘又一分鐘。達達看著他細碎的髮稍上帶著汗珠，洗得有些發白的牛仔外套被他隨意地披在左肩上，露出的側臉就像被清晨的日光雕刻過一般，依舊讓達達迷戀。

是達達起身先走的，阿洲拉住她的手腕，想要說什麼，卻隻字未出口。達達抽回手，什麼都沒說，轉身就走了。

達達後來在跟我說起這件事的時候，我忽然想起《一別一輩子》中寫道：說好永遠的，不知怎麼就散了。最後自己想來想去，竟然也搞不清楚當初是什麼原因把彼此分開的。

所有大張旗鼓的離開不過是虛驚一場。真正決定了要走的那次，只是挑了一個風和日麗的早晨，裹了件最常穿的大衣，連關門都沒有一點聲音，然後再也沒有回來。

受影響。

對於後來的我們來說，或許正是曾經錯過了誰，才找到了後來自己更想要的人生。最可怕的不是前任，而是找不到自己。

一個女孩的奮鬥，即使一開始是前男友驅動，努力著努力著，也會變成自我驅動，而前男友這個原點，早在不知不覺中被拋到了九霄雲外。

#

那天逛 IKEA，我在地毯區碰到了前任，不誇張地說，我當時就好像看到殭屍復活一樣，猜想他也是一樣的感覺吧。

我們分手的時候，我剛到這個城市工作，暫住在同事家，每天下班後要去找房子。實習期，沒有積蓄、沒有朋友，一個人孤零零的，他偏偏在那個時候提了分手，理由有很多，爛俗的理由是雙方性格不合什麼的，其實分手的理由通常都是藉口。我當時無心跟他拉扯，很乾脆地刪除了他的一切聯繫方式。

後來聽共同的好友說起，原來他與我分手前就認識了別的女孩，我沒去過問細節，儘管朋友替我打抱不平，覺得我應該是被劈腿，被騎驢找馬了，我也沒再去深究，也沒有深究的資格，過去就過去了。

說實話，這幾年我過得還蠻好的，慢慢有了自己的圈子，有一幫熱鬧的朋友，有明確的努力目標，付了頭期款買了一套房子。

如果不是身邊有人提起，有時候真的想不起來還交往過這個人。就像，某個人從你的世界消失了，但還是會從別人的口中聽到，這個曾經讓自己臉紅心跳整整兩分鐘的名字。那種感覺就像水煮魚裡的豆芽，明明菜單上沒有，你也沒點，但就是會出現。也可能是因為我一直在往前趕路，連回望過去的心思都沒有過。

碰到就碰到，轉身就忘了。誰知晚上到家沒多久，微信顯示新的好友申請，是他。他還故作輕鬆的語氣：好久不見，今天看到你差點沒敢認，你變得更漂亮了。頭像還是大學時我們一起用過的情侶頭像。頂著這個頭像來加我微信，也是令人無語了。

不過我看到後，隨手就封鎖了他。我甚至都沒有考慮過通過他的好友申請，打聽一下他這幾年過得怎樣。

我對自己的態度有點驚訝，畢竟他是我整個大學四年唯一喜歡的男孩子，如今自己內心竟然毫無波瀾，對他如此冷漠。

我把這件事告訴閨蜜，從閨蜜那裡得知，原來前任上個月分手了，女朋友去韓國整容回來後搭上了個富二代，把他甩了，而且最近他工作事業也受阻。我心裡感嘆：蒼天有眼！

可能我見識少，我真的不懂，當年被戴綠帽、被甩的是我，主動離開的是他，現在幹麻又回頭關注呢？難道是覺得當年傷害值不夠，還想來補幾刀？

閨蜜說：「這你還真是不懂了，凡是回頭的，一般都是當時主動提分手的那個人，因為他在心理上有種優越感，覺得自己一旦回頭，對方還會包容接納他。」

「哪來的自信？去認識新的女孩吧，吃回頭草太沒出息了。」

「大概是因為他過得不順心吧，過得好的話肯定沒空搭理你。他要是能撩到白富美，會回頭試探你嗎？」

我使勁點點頭！

想起那句老梗：一個好的前任就應該像死了一樣。

嗯，安安靜靜做個「死鬼」才是體面，不要自己過得不如意了，仗著人家曾經喜歡你，就回頭打擾。說好聽點是舊情難忘，其實本質就是自私。感覺自己不被愛了、被拋棄了，就要回頭找過去的人拿回被偏愛的特權，對自己當初是怎樣傷害對方的事若無其事，這樣骨子裡全然不考慮對方感受的人，幹麻要理他呢？

過去了的人就像發霉了的麵包、發酵了的牛奶、隔夜的茶，不管當初有多美好，已變了質，恢復不了當初的面貌。

當那個人回頭時，我們自己在心裡要好好掂量一下，值不值得為這個人再猶豫一回。不要說你不知道，你心裡明明就有答案。如果不值得，請無視。就像那句，「別和好，會重蹈覆轍」一樣，聽起來簡單、粗暴、毫無道理，但實際卻說中了很多結尾。

曾經的我確實深深愛過，後來的我終於讓這一切過去，不再對誰隱瞞，不再因為誰而否認，誠實且坦然。這便是我在你那裡得到的最好的成長。

#

有時候會想想，愛情這件事真是讓人頭疼。

愛的時候要花心思、花時間去了解、感受一個人，膩過甜蜜，熬過爭吵。若沒能圓滿，分手後又要盡力忘記這個曾言之鑿鑿愛你不變卻提前離場的人。你不知道關於他的東西哪一天會不小心掉落出來，讓你的心「咯噔」一下，也不知道他會在哪一刻突然出現在街角，「叮」的一聲打開記憶盒子，翻騰出過去美好或糟糕的歲月。

誰沒有過在網路中循著蛛絲馬跡，偷窺前任現女友的經歷。哪怕我們心裡明鏡似的，這人早與我無關了，卻還是忍不住去瞧瞧，沒有我的後來他究竟過得怎麼樣。

總以為來日方長，總以為說再見這回事很容易，但到頭來，你才知道，愛情裡的再見，不是什麼真正的悄無聲息，而是自己熬過了那麼多深夜，換來了一句「我放下了」。

有的人，放下是懶得追憶。可能某一天，起床時陽光明媚，心中往事就像是一攤水跡，蒸發得無影無蹤；有的人，放下是波瀾不驚。跟舊的人在街角重逢，笑一笑，無須開口寒暄，更不必說別來無恙；有的人，放下是從頭生活。重新出發，公路盡頭撞見彩虹，打算分享的人換了一個。

反正這一生，我們會對很多事情懷有遺憾，可是總有一天，你已經分辨不出來哪件更難過一些，哪件更刻骨銘心一些。

那些曾經讓你夜不能寐的，都會變得無關痛癢。你只需好好地過，等這一天悄悄降臨，等你真正成了過來人。

故事有圓滿也有遺憾，但是感情的事，誰又能說得清呢？兩個人誰都沒有錯，如果可以，只希望在愛情裡認真的人，餘生都能覓得良人。

或許，你今後不會再像年少時喜歡他那樣去喜歡一個人了，但會記得自己曾經喜歡他的感覺，又甜又酸。但凡是經歷，都是你人生的養分。分叉的頭髮記得剪掉，離開你的人，就讓他走吧。不必再苦苦追問，他們也會成為別人世界裡的後來人。

沒有句點已經很完美了，何必誤會故事沒說完。畢竟，愛情和人生，都要試錯。

我們也正是在這一次次的試錯中明白，失去和告別是成長的必修課，所有的午夜夢回，所有的年少純真，仍會歷歷在目，但你已經往前走了，不需要再觸摸了。對前任最好的告別，是你過得好與不好都不必讓我知道。愛過就夠了，餘生就算了。這一世的緣分已盡，我很好，你隨意。

勿擾。

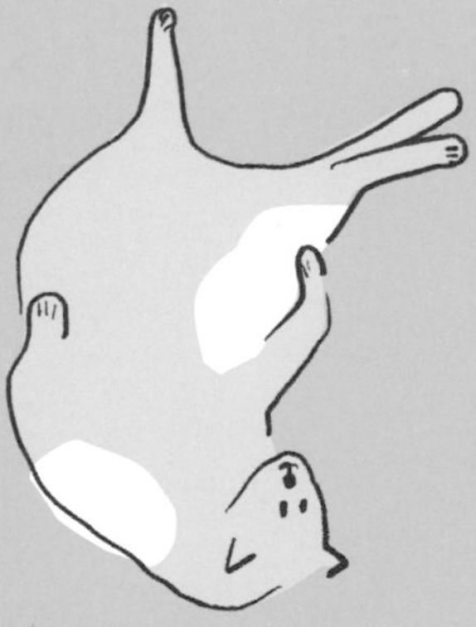

4

Part four

給欲望失衡的你

從眾症候群——

有效的社交是等價交換，不必假裝抱成一團

特語錄

現代人為了謀求社交的簡潔有效，
必須讓自己顯得容易相處，
在音樂節搖頭吶喊，在網紅名店排隊樂此不疲，
顯得和許多人熱絡，從而丟失了一部分真誠。
究其原由，只能說表達得過於倉促。

倒啤酒的時候杯子上面總有一層泡沫，看似一大杯酒，但抿一口卻發現全是空氣，有時候人和人的關係也是。社交其實是一個充滿風險的過程，尤其是經營一段關係，這也是我們生活中始終無法放棄的一環。

Lisa 畢業那年，很多「過來人」都告訴她要多交朋友。

於是，從進入公司的第一天開始，Lisa 就忙著去認識每一個人。變換著高檔衣服、妝容精緻，跟不熟的人硬著頭皮聊天，堆砌著僵硬的笑容，生疏地遞上名片，這些肯定是少不了的。但是對 Lisa 來說，這些還遠遠不夠。

Lisa 在人力資源部，於是只要有HR大V的聚會，她都會去參加，希望能抓住每一個認識「大神」的機會。可惜在聚會過程中，很多高階主管聊的話題她都插不上，只能全程尷尬亂聊和堆砌奉承的笑容，時不時拿起紅酒杯說：「乾杯！」不過即便如此，也未能讓 Lisa 對社交的熱情減少半分。很長一段時間裡，她的社群網站不分享生活，只有參加各種聚會以及和某某大咖的合影。

一年下來，Lisa 看似認識了很多人，加了很多HR高階主管的聯絡方式，積累了一些人脈，誰轉發了行業資訊、誰發了幾張照片，都要按讚，生怕自己錯過別人的動態。

那時候 Lisa 常常勸我，光寫沒用，也需資源和人脈。我也確實為此做出一點行動，線下活動的時候和陌生人攀交情、談合作、打交道。別人一見面都能表現出毫無違和感的親暱，彷彿上輩子走散的姐妹，我呢，只能勉強擠出幾個不可愛的笑容。

慢慢地我發現，那些活動對我的益處可以說是零，因為轉身離開會場後，我和他們就沒什麼聯繫了。

某天中午 Lisa 打來電話，氣呼呼地說所謂的成功人士都有一張冷漠虛偽的嘴臉。

原來是她們公司需要一個活動場地，合適的地方一週內都被人預訂了。她想透過群組裡的朋友幫忙聯繫一個場地，連續發了一些私訊給幾位朋友，希望他們可以幫忙。可是讓 Lisa 沒有想到的是，有人說不認識這方面的朋友，幫不了忙，有人連一個字都懶得回，只有無限的沉默。

Lisa 很苦惱，明明自己已經很主動地跟大咖們聯繫互動，可是為什麼第一次求幫忙就如此淒淒慘慘。

「在他們心裡，是不是根本就瞧不起我這種職場菜鳥？」Lisa 語氣失落。

「我不知道他們是怎樣的人，但人是世俗的，如果你覺得他們瞧不起你了，那原因只有兩個，要麼是你與他們之間的社會地位差距太大了，要麼就是你沒有和他們做朋友的等價條件。」我回答道。

Lisa 每個週末都在社交，根本沒靜下心來進修和提升自己，**核心能力沒有精進，認識了大咖又能怎麼樣呢？**你還是無法與他們並肩，只能在後面追著。就像如果我把寫東西的時間用來社交，等到真的有機會的時候，我無法證明自己的寫作能力，再好的機會也跟我無緣。

如果自己不是跟大咖們一個水準，他手上的資源不會因為跟你吃過幾次飯、碰過幾次杯，就流到你那裡。社交並不能讓人躍升層次，只有當你真正變優秀了，跟那些厲害的人在同一個層次，你的社交才能真正有效。

圈子是等級森嚴的，所謂有效的社交一定是資源對稱，能等價交換，能彼此愉快交流，能看到利益前景，有來有往，否則等待你的只是冷漠的白眼。

#

證明你擁有的人脈，不是你朋友圈裡有多少和厲害大咖的合影，而是當你遇到問題時，有多少人願意幫你；決定你朋友圈層次的，不是你和誰握手、拿到名片，而是你自己有多少本事。

人脈不在別人身上，而藏在你自己身上，唯有你變得厲害，才能交到厲害的朋友。

別錯把認識等同於認可，更不要將人生的轉捩點寄望於通訊錄，再多大咖的名片也換不來一個面試機會，打再多招呼也未必能擁有一個真心朋友。

就算你看起來誠心誠意，出錢出力，就算你苦心經營，想方設法攀上高枝。可結果呢，除了更長的通訊錄，更吵的通知聲，更多的廣告之外，你什麼都沒有得到。

二十歲的時候，我們以為多個朋友就會多一條出路，等你到了三十歲就會知道，朋友和愛情一樣，都無法真正地拯救你。

人的一生，大部分的時間都是獨處的，所以不管願不願意都得接受現實。為了讓自己顯得不那麼低級就去參加各種社交，讓自己融入根本就不喜歡的圈子，說著違心的話，喝著傷身的酒，這樣的社交，與其說無用，不如說是在浪費時間。

別去做一些無用的社交了，那樣不過是自我安慰罷了。費盡心思去結交那些所謂的大咖，處處賠上笑臉、巴結討好，真的就有用了嗎？笑到最後的不見得都是贏家，也有可能是小丑。

只有當你真正變優秀了，跟那些大咖在同一個層次，你的社交才能真正有效。不然你那不叫人脈，叫通訊錄。

#

我們拼命想擠進人群，很多時候不過就是想做個合群的人。

之前炒得沸沸揚揚的世界盃大家都知道吧，看到有個女孩在PO了幾條關於C羅的消息，好奇的我問了她一句：「以前怎麼不知道你喜歡足球呢？」

她很快回我說：「我不喜歡看球賽，就是最近午餐時間同事都在討論這個，感覺自己跟他們沒話題聊，所以今天才回來熬夜看球。」

「哈哈，原來是個偽球迷。」

「是啊，沒辦法。」

閨蜜前幾天跟我吐槽自己的男朋友。

以前每天下班後，兩個人會一起逛公園，或者去健身房流汗。閨蜜有段時間學攝影，週末的時候男朋友會開車帶她出門晃晃，全天候當模特當助理。

可是她男朋友最近下班回家，既不加班，也不陪她，而是抱著手機玩遊戲。玩遊戲的聲音很吵，閨蜜嘟囔了幾句表示不滿，男友卻說：「你小聲點，遊戲裡都能聽見。」

晚上睡前閨蜜問他最近痴迷遊戲的原因，男友表示自己對遊戲也不是很感興趣，但部門同事都在玩，組成了一個戰隊，他不跟著一起玩，顯著太不合群。

聽說沒過幾天，她男朋友又換了一款遊戲玩，不用想都知道，肯定是同事們換了新遊戲。

心理學上有種現象叫「羊群效應」。在一個集體中待久了，從眾慣了，就會逐漸喪失自己的判斷，淪為集體意志的奴隸。明明是不喜歡做的事，又何必跟著偽合群？

你以為你在合群，其實只是在被平庸同化。人和人之間的區別，也許從十年前某個清晨六點就已經開始了。你將時間花在合群、迎合大家上，花在自我提升上的時間註定就少了。

說了這麼多，其實不過是想告訴你，能在關鍵時候握住命運咽喉的還是自己，與其擠進圈子裡尷尬亂聊、強顏歡笑，還不如用那個時間來磨練自己。

一旦你變強了，機會、資源、人脈就變成了你實力的衍生品，隨之而來，就好像你是高聳的梧桐樹，百鳥自然來棲息；你是無邊的大海，江湖自然來聚集。

不必硬著頭皮擠進那些看似光鮮、主流、強大的圈子，當你還不具備那個圈子的特質時，擠進去，你也無法自處，刷不出存在感，找不到認同感。

更嚴重的是，在不適合自己的圈子裡，你可能會漸漸丟失自我、迷失方向，在不自覺中被拖入平庸無聊的深淵。

為什麼大家那麼沉迷混圈子？

因為每個行業裡總有幾段成為精英的神話。每個人都需要存在感，相信自己有一天也能出頭，成為那個人人抬頭嚮往的「奇蹟」。

擁有自己的能力和冷靜的判斷力，保持你的獨特和自身價值，才是你職業路上的立足根本。

這樣可能沒有混圈子、建人脈得到利益的速度快，但是你相信我，這絕對是一條長久之計。

一個人成熟的標誌，就是明白每天發生在自己身上的百分之九十九的事，對於別人而言毫無意義。要記得，你不需要刻意去合群、社交、放棄自己去融入集體。該來的自然會來，該走的註定要走。

在還沒有找到一個合適的群體之前，一個人走，或許會更快。

#

到了一定年紀，
半夜發出「我愛你」的簡訊，

回覆都是：
「現在哪裡喝酒呢？」

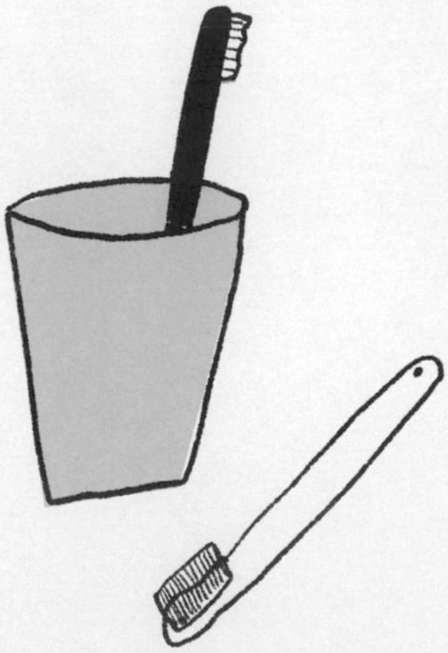

付出型人格──

不是你變優秀了，那個人就會喜歡你

特語錄

災難式分手最大的傷害，並不是當時的衝擊。
而是事後發現自己無論怎麼努力，都沒法從低潮情緒中抽離。
因為我們往往太低估心碎的能量了。

過了很久你會明白，
人生最重要的不是放下，而是認輸。

有些人就像你生命裡的VIP，你總是甘願為了他，對自己的原則一再打折。你知道嗎？單戀也是戀愛的一種形式，對象是想像力。

小敏追了阿樹六年，有些人就是這樣，會愛一個人很久很久，三年、五年，甚至十年。無論得不得到回覆都已經無所謂，只要自己喜歡就好。

可是就在上週，阿樹在朋友圈發了一張照片，照片裡是一個女孩的側臉。大家心知肚明，阿樹戀愛了，女主角不是小敏。

「我就是想不通，他喜歡她什麼呢，我到底哪裡不好了？」小敏說這句話的時候，眼神裡滿是失落。

小敏算得上是當今所謂的「三好女子」，家境好、工作好、臉蛋好。經濟上獨立自主，生活上有自己的朋友圈，工作上小有成就，閒暇時間還有自己的興趣愛好。和她聊天，她會笑盈盈直視你的眼睛，認真傾聽你說的每一句話，意見不同時她不會急著打斷你，而是等你說完後，慢悠悠地說出自己的想法。好朋友的生日她會提前註記在日曆上，精挑細選出禮物，手寫賀卡，郵寄給朋友。

這樣優秀的女孩，阿樹不愛她。

阿樹交往的女朋友，我後來見過。真心客觀講一句，那是個很普通的女孩，放在人海裡過目就忘。

在阿樹的朋友圈可以看到，阿樹帶著女孩逛超市，女孩坐在購物車裡，抱著零食，阿樹一臉寵溺。週末都是阿樹下廚，因為女孩腸胃不好吃不了外賣，然後笑著捏捏她的小肚子。女孩臉頰上起了一顆痘，阿樹都要說：「好可愛的美人痣。」女孩記錯約會時間，錯過了兩人要看的電影，阿樹會告訴她：「下次不要跑著來，過馬路不安全。」

這樣普通的女孩，阿樹愛她。

都是談過戀愛的人，看阿樹和女朋友在一起，能看得出來他們是真的很開心。那個在小敏面前不冷不熱的阿樹，在喜歡的人面前，變成了黏人的小男孩。

阿樹承認小敏的優秀，甚至可以說，小敏是他認識的最優秀的女孩子之一，但這種承認，無關於他會因此愛上她。我看著白晰纖瘦的小敏，突然想起那句話：愛情這東西有時是一種感覺，跟個人是否優秀無關。

喜歡這件事不是考試，不是比誰得分最高。喜歡就是喜歡，它與其他的事情都無關，是你想要跟他在一起，沒什麼明確理由。你想讓他住進你的日常，忍不住去照顧他，你不覺得累，你覺得每一次的付出，心裡都裝著扎扎實實的快樂。

彼此的過去或許沒來得及參與，但未來計畫裡一定會有那個人。你不是為了愛他而來到這個世界，但會因為他的存在，覺得不虛此行。

你可以因為一個人嘴角的弧度喜歡他，因為一個人身上的木質香水味喜歡他，因為他和你愛吃同一道菜喜歡他，因為他唱歌認真跑調的可愛模樣喜歡他。於是，別人的萬般優秀，都不及他。

我們不會因為優秀而被愛，愛來自荷爾蒙和磁場這些你解釋不了的東西。

影集《慾望師奶》裡有一幕，布莉的丈夫跟她提離婚時說：「你永遠把頭髮梳得一絲不苟，生活處理得沒有一絲紊亂，但是那個我一見傾心的人去了哪裡？那個麵包會烤焦，牛奶會灑一地，會放聲大笑的女人去了哪裡？我想她，而不是現在這個完美冷酷的女人。」

說布莉是完美的主婦，應該沒有人會反對，但就是這麼一個完美的女人，也沒能得到丈夫永恆的愛。

感情可以培養是個假想題。如果有足夠多的時間和愛，就可以讓另一人愛上你的話，那誰和誰都可以相愛了。愛情之所以會讓人死去活來，是因為，答案都寫在了彼此第一次見面那天。

#

甜蜜的戀愛是什麼樣子呢？

有人告訴我，是每天不在身邊會操心對方是否按時吃飯睡覺，天熱有沒有中暑、有沒有多喝水，晚上有沒有安全回到家。每次出門都會把她的充電器、錢包、鑰匙和各類必用品整齊地放在包包裡，錢包有時候還會偷偷多出錢來。每次遇到什麼事情，腦子裡的第一反應，不是怎麼解決，而是哭著去找他。

戀愛時，不需要你天賦過人，不需要你殺敵制勝能力超群。你只需要站在那裡，那個人的心就會奔著你去。

那個心裡沒有你的人，在你深夜失眠時，早就呼呼大睡了。在你孤獨時，早已有了新歡。在你懷舊時，早就將你忘得一乾二淨。你整天無所事事只為等他回你消息，你省吃省穿為他花錢，你發現他不喜歡你卻自動跳過這個資訊，拼了命搜尋他可能會愛上你的蛛絲馬跡。

可是，所有被愛的人都是一開始就被愛的，不是努力就可以換來被愛的身分。其實放不下全是因為僥倖心，僥倖覺得萬一呢，萬一他會愛上我呢？相信我，咬咬牙正面承認「他不喜歡我」，真的沒有那麼難，要不了你的命。

承認過後你就會發現，真的沒有非做不可的無用工夫了。優秀就沒有用了嗎？

當然不是。你想整天躺著，等著你的意中人來敲門，也真的是白日做夢。

當你不斷提高自己，你會接觸到從前接觸不到的層次；當你考上名校了，你身邊的同學個個都是百裡挑一的精英；當你很有才華，想在圈子裡，找一個同樣有才華也欣賞你的男朋友就不難了。

真正愛你的人愛的不是你的優秀，而是你本身，而那些一開始就不愛你的人，也不會因為你變得有多出色，就改變了想法。

優秀真正的作用，不是為了以此為籌碼讓那個人愛上你，而是當某一天你遇到一個自己心儀的人，你能不畏懼、不膽怯地告訴他：我喜歡你。

和需要你努力才愛你的人在一起，有一個樸素的問題：當你們相愛時，你得繼續保持著努力的姿態，時間一長，你獲得的就不是愛情，而是一份甲乙方合約書。

過了很久你會明白，人生最重要的不是放下，而是認輸。接受他不愛你，而你無法也無力改變這件事。鬆開那口氣，承認自己輸了，然後繼續往前走。只有這樣才不會念念不忘。

你要知道，你被愛被接受不是因為完美，而是因為你就是你。

故事還長，別著急失望。

塑料式友誼——

成年人之間，說話記得帶腦子！

特語錄

相比起那些處心積慮的傷害和有意的激怒，
因為沒有分寸感而產生的糾紛更讓人頭疼。
說吧，好像小題大做；不說，卻又如鯁在喉。

作為帶腦子出來行走的成年人，
行為和言語不讓別人心煩是基本涵養。

「有趣的靈魂」這些年成了熱門詞。

我覺得靈魂做不到有趣也沒關係，至少安靜就好，最怕的是無趣又喧鬧不安。

一位好友籌備新專輯，問我有沒有興趣填詞，便約了個時間出來聊聊。席間，我的手機螢幕一直亮個不停。給我發訊息的是同學大茹，從高中畢業後就再沒見過面。因為前段時間同學聚會，於是再次有了聯絡。

之後大茹突然熱絡起來，常常向我傾訴自己感情和事業的不順。比如男朋友想去國外發展，異地戀的話怕男朋友會分心，再比如公司經常要求週末加班，讓她沒有自己的時間等。

我在安慰人這件事上沒有天賦，每次只會像傻瓜一樣打著圓場：「別想那麼多了……戀人之間要多溝通……」、「其實加班這種事很平常的，你付出的每一分鐘其實都是在豐富自己……」

我因為正在跟朋友談事情，以為暫不回覆的話，她應該就不會再一直說個不停，但事實並非如此。朋友提醒我：你先回覆一下訊息，我們再聊，不急的。我禮貌地寒暄幾句後，跟大茹說明了情況，說晚點回她，然後再沒顧得上拿起手機。

晚上回到家已經九點，發現家裡的狗狗不知什麼原因嘔吐了幾次，並且沒什麼精神。我慌慌張張拿起錢包和鑰匙，抱起牠就往寵物醫院趕。化驗、等待、打針，一直折騰到晚上十一點才回到家。

我洗完澡癱在床上的時候，才想起拿起手機來看。發現大茹發來了四十一條消息，是四十一條，你沒看錯。

開始是問一些我的近況，說到上學時候的事，又問我可不可以幫她妹妹介紹一份工作。到最後，我隔著手機螢幕都能感受到她憤怒的質問：「聽說你這幾年出了書，果然是人厲害了，對老朋友都不理睬了。再過幾年是不是都不認識我們了？」

我打了幾行字想要說明晚上的情況，寫了又刪，刪了再寫。最後，我選擇不回覆，直接把手機扔在一邊，關燈睡覺了。

我沒有忘記，從前上學時，她會每天早上在我家樓下等我一起上校車，會在我回答不上來老師的提問時，偷偷告訴我答案。這些記憶在我心裡被貼上永恆美好的標籤，但生活推著我繼續往前走，我願意和她一起回憶青春，但不是在我忙著應付當下生活的時候。

年輕的時候，再多的誤會我們也願意用盡力氣去解釋，去問一句「為什麼」，大不了吵一架、打一架、哭一場，也就和好了。長大以後不一樣了，我們的精力和時間有限，我們再也不願意被人無故冒犯，也不願輕易和解。

識趣的人，常常能恰到好處地處理人際關係的臨界點。相反，如果一個人缺少識趣的敏感力，說話處世少根筋，不掌握尺度，就易惹人生厭。

我們應該明白，或許別人可以忍受你的嘰嘰喳喳，忍受你的放縱不羈，甚至可以原諒你的無端猜測，但沒有人會對你的無知無禮絲毫不介意。

#

世界上最不會說話的人，一定少不了「男朋友」這個族群。

小趙就經常被不會說話的男朋友給氣哭。兩人日常如下。

早起來不及吃早飯，上班路上小趙有些暈車，嘀咕著：「又頭暈又想吐。」男朋友接一句：「哈哈，誰叫你早上不好好吃飯，跟你說了多少次了，現在怎麼辦？」她明明是求安慰，卻反倒被數落了。

雙十一打折，小趙連夜趴在電腦前搶購喜歡的包包，「真的打了五折，便宜了一千二，是不是很划算？」
男朋友回：「你還能比商家聰明？這包包也最多值一千元。」
購物帶來的愉快，瞬間被男朋友澆滅。
兩人買了電影票，因為時間快來不及，小趙跟司機說：「麻煩您開快一點可以嗎？我這電影票不能退，謝謝您了。」
男朋友接一句：「怎麼不能退，開場前十五分鐘都能退。」小趙回頭狠狠瞪了他一眼。

小趙帶男朋友和閨蜜吃飯，點菜的時候閨蜜說「你們點，我最近吃得少，再說我也不挑食。」
男朋友來一句：「少吃點也好，你的腰是比去年粗了一圈。」她一臉三條線，閨蜜臉上笑嘻嘻，大概心裡想著「去你的」。
飯後兩人想送閨蜜回家，閨蜜朝小趙使了個眼色說：「不用啦，我自己去旁邊商場逛逛再回家。」趙小姐立刻明白，猜想閨蜜是約了哪個帥哥逛商場吃宵夜。
男朋友卻說：「女生晚上自己回家怎麼行，快上車，我們送回去。」
小趙拉著男友：「就讓她自己逛吧，沒事的。」男朋友這時候不知道從哪來的謎之正義感，怎麼勸說都不行，非要把閨蜜送回家。閨蜜拗不過，只好不情願地上了車，三人在車上一路尷尬亂聊。

戀人是這個世界上心離你最近的人。可明明一些芝麻小事，不會說話的戀人卻偏偏給你拆臺，給你當頭一棒，給你潑冷水，給你講噎死人的大道理。那還談什麼戀愛？拜把子做兄弟好了！

#

還有不少苦口婆心看似為你好的人，但這一點都不影響他們招人煩。

比如我以前的同事H，心眼不壞，就是說話總是讓別人心煩。

有位同事的父母自駕遊西藏，午餐時大家聊起布達拉宮與佛教文化，H不合時宜地蹦出一句：「讓你父母注意點高原反應，很多人去了都回不來了。」

那位同事的臉色立刻變得不好：「別說這種不吉利的話，我父母一行很多人，不會有什麼危險。」

H這時候還沒察覺自己的話裡有什麼問題，又補了一句：「真的，高原反應可是很厲害的，那邊的醫療條件不好。」

同事們紛紛覺得氣氛尷尬，話題無法繼續。

H是故意戳同事嗎？其實並不是，不過她對同事的好言相勸不僅沒有任何關心安慰的作用，反而讓對方心生厭煩，關係越來越疏遠。

關心身邊的人沒有錯，但真正有效又舒服的關心，並不只是站在自己的立場去關心，而是要換位思考，能將心比心地站在別人的立場想問題，更要先一步想到說出口的話會造成的後果。

很多時候，我們的嘴需要一個收回功能。人與人之間，總是很難把握這樣一個限度。這個限度關乎情商、關乎敏感度，稍不留神過了界，就會讓彼此都覺得不爽。所謂的說話記得帶腦子，大概就是這個意思吧。

#

與人相處久了，就會發現識趣很重要。仔細想一下，我們身邊都有那麼一種人，無論別人做什麼、表達什麼，不掂量跟對方的關係親疏，總要自以為是地評論一番。大到人生抉擇，小到穿衣吃飯，都要發表一下意見。

你要是曬了男朋友送的禮物，他會說：「女人經濟要獨立，不要什麼都靠著男人。」

你換了件風衣，塗了口紅，他必定會陰陽怪氣：「這是要去相親吧。」

你說自己不吃魚，他就會甩給你一句：「那是你沒吃過好吃的。」

你感冒頭痛趴在桌上小憩，他認定你昨晚去了酒吧。

諸如此類，你也說不準他們是閒著沒事，還是古道熱腸，反正他們就是要在你心上添增煩悶，而且根本不會對自己說的話負責。對於我們來說，只剩下一句「滾」在心底翻騰不已。

這樣的人像是愛酸人的檸檬精和抬槓精的結合體，其實他自己的人生才是最菜的，而且沒有想要進步的意思。

千人千樣，立場不同、所處環境不同的人，很難明白對方心中真正的感受。何況每個人都有自己的故事，每個人都是自己故事裡的主角，不管故事是平淡無奇，還是曲折坎坷，如果沒有按別人生活的路徑走過一遍，其實根本無法理解別人現在的行為。

懂得自己在他人心中的分量，懂得察言觀色，懂得適可而止，也懂得自己想要的是什麼，合理索取，不過分、不矯情、不歇斯底里。這不是什麼八面玲瓏、圓滑世故，而是把每一個交流的人都放在了心上，尊重和善待。

人際相處，成敗都在一個「界線」上，這界線其實就是識趣。懂距離、知分寸，才能長久。這距離和分寸不是疏遠，也不是冷落。正如那句老話「距離產生美」，唯有這樣，我們才能尊重自己在意的人，才能安穩妥善地保護好彼此的感情。

做一個有趣的人的確很難，做一個識趣、懂點事的人，沒那麼難吧。

#

「晚安」的意思就是，
我今天打烊了，
不對外營業了而已，

跟睡不睡覺
沒有關係。

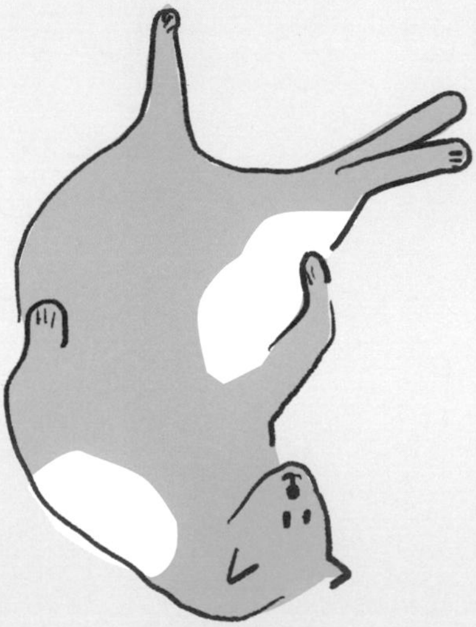

花式催婚——

對孤獨妥協，就是對自己的不尊重

特語錄

你問我孤獨是什麼？

我告訴你，一瓶四百五十毫升的點滴裡有五千九百七十一滴，醫院的凳子上有四千兩百三十四個孔。

這個世界對「單身狗」的惡意是不會減少的。

比如明明是光棍們的雙十一，卻瞬間成了情侶間曬恩愛、清空購物車的好日子。比如喜歡的那家飲料店，偏偏是第二杯才半價。比如一個人去看電影，挑選的場次居然是情侶廳。再比如一個人點外賣，沒達到起送價的門檻，多點一份又吃不了。

生活中時不時冒出的惡意也就算了，我的好朋友大美最近跟我吐槽，因為拒絕了相親的男生，而被同事和親戚「批評」。於是，「你年紀也不小了，再挑就要三十歲了」、「小女孩眼光不要太高」、「你還真想當剩女啊」，類似這樣的話在大美耳邊「嗡嗡嗡」的響了一週。

大美一臉不開心地問我：「親愛的，我二十七歲單身礙著他們什麼事了？」我笑了笑沒說話。在很多人眼裡，女生過了二十五歲還單身的話，就像貨幣貶值，再不消費就來不及了。

大美在外資企業工作幾年，升到部門經理的位置。和朋友合夥開了一家書店，難得清閒時，她會去店裡磨咖啡、做小點心，給來閱讀的顧客品嘗。她還喜歡運動，是國家隊二級羽毛球運動員。年假的時候會和幾個閨蜜約好時間，出國走走，去看沒見過的風景，感受不曾知曉的文化。這一個人的小日子，過得也算又酷又愜意。

從她的口中，我打聽到她拒絕的那位男生，平時下班後的自我生活幾乎為零，宅在家打網路遊戲就是最大的愛好了。大美努力想找可以一起聊的共同點。跟他聊起電影，男生說情人節都是唬人的，不如在家看看抗日戰爭片。大美跟他提到旅遊，男生說旅遊費錢費力，一年一次國內旅遊就可以了。

聽到這裡，也就不奇怪為什麼接觸幾次後，大美對他開始變得冷淡。男生也會向介紹人抱怨大美對生活品質要求過高，不夠賢慧。

我問大美：「那你會有很想快點嫁人的時候嗎？」

「當然有。」大美脫口而出，沒有半點猶豫。「一個人去吃火鍋，被很多異樣的眼神看著；在電影院買了飲料、爆米花後想去廁所，卻無人接手；逛街看到可愛的玩偶，沒人幫忙拍照，這些想立刻找個人嫁了的瞬間太多了。可是呀，那個幾秒鐘的衝動一過，我還是不想將就。」

可能在一些人眼裡，單身就意味著自身魅力不足，找不到戀人，可是我見過很多擁有漂亮臉蛋和迷人身材的女人，一個人活得有聲有色，本身就有趣的靈魂，從不指望另一半為自己帶來生活的改變和快樂。

那些不見「愛情」不入「墓」的單身青年們，倒是有些可愛可敬之處。因為他們寧缺毋濫，不將就。他們沒有把自己當作促銷貨架上過了賞味期限的食品，他們寧願做一隻單身狗，也不願成為別人精神世界裡的「OK繃」。

如果你願意，仔細想想你身邊的單身男女，他們是物質富足，精神獨立。單身對於他們來說，並不是急需解決的毒瘤，只是一種生活狀態而已。

誰說單身一定要跟空虛、寂寞、冷沾上邊呢？在愛情像速食一樣被隨意消費的年代，那些面對孤獨和閒言碎語仍然毫不動搖的人，才值得按讚吧。

#

這幾天一直在下悶熱的雨，空氣中彌漫著潮溼。我在家裡一個字也寫不進去，晚上便約了桃子去吃日本料理，期間兩個人喝了一點小酒，在微醺的狀態下說了一點心裡話。

我問桃子，為什麼單身那麼久還不開始新的感情？還是因為他嗎？

桃子告訴我，總覺得以前不夠尊重自己，總是把太多期待放在戀人的身上，一投入感情中，就像沒有腦子的傻瓜，毫無節制地想去付出全部。現在呢，更想取悅自己，花時間愛自己、豐富自己，這樣自己才會多一些底氣。

桃子上一段的感情，我知道始末。

那時候桃子一個人剛到異鄉不久，每天只在公司和家之間來回折返，其實也算不上是家，不過是公司附近便宜租來的房子。一同進公司實習的一個男孩和她同住一個社區，慢慢就順理成章一起上下班。男孩對她照顧有加，桃子心裡知道對方不是自己喜歡的類型，但被照顧的感覺，真的讓人很難拒絕，不是嗎？

在一起一年後，男友工作能力出眾，晉升很快，桃子就辭職在家，專心收拾家務、安心追劇，當然也少不了從男友手裡拿零用錢。

那段時間，她把愛情當成生活裡的全部，因為男生工作忙，還要經常出差，她經常會疑神疑鬼、患得患失，弄得兩個人過得特別不快樂。

後來男友因工作安排，需要去英國進修兩年，借此提出分手。她一度情緒崩潰，沒有存款、沒有工作、沒有住處，不得不在朋友家借住，度過人生裡最黑暗的三個月。

不過值得慶幸的是，她沒有頹廢很久就投履歷找工作，之前算是有點工作經驗，重新起步沒那麼吃力。而如今距離那段感情已經有兩年的光景，現在的她更加成熟和獨立，成為大多數女孩都會羨慕的那種女生。她現在提起前任的時候，特別的雲淡風輕。有些人的出現，就是為了讓你成長，讓你自我反省的。

我認為女孩該有的戀愛觀，一是不因寂寞而隨便開始一段感情，二是保持自我和經濟的獨立。

單身的人仍然擁有一種獨特的體面，那就是不用把心放在另一個人身上，顫顫巍巍，時刻擔心，小心易碎的體面。

#

我們這輩子面對愛情的能力是有限的。我們初戀的時候，可以滿心歡喜地付出和去愛一個人；第二次就會因為上一次戀愛時所受的傷害，不多不少地都開始有了警惕；第三次戀愛的時候，便開始權衡利弊，也害怕付出，因為害怕受傷、害怕開始，更害怕結束。

到後來，你好像再也不知道怎麼去談一場像樣的戀愛了。明明已經在愛情上身經百戰，怎麼到了最後，卻開始不懂怎麼去愛了呢？所以，很多人總說不相信愛情，其實哪裡是不相信愛，只是不相信自己了。

寂寞時談的戀愛，也改變不了孤獨的本質。

一段隨隨便便開始的戀愛，一段因為填補寂寞而在一起的戀愛，對兩個人來說不過都是辜負和傷害。

遷就和磨合，是相愛才能做到的事。交流與溝通，是相知才能做好的事。因空虛才隨手抓住的愛，是對孤獨的恐懼和妥協，其實就是膽怯了。

因為害怕一個人生活，就開始一段戀愛，也不是不可以。但是這樣建立起來的愛情，未必會幸福。你想，度過短暫的甜蜜期後，只因為寂寞而在一起的副作用，會漸漸顯現出來：

你確實不用再一個人去吃飯，承受別人的竊竊私語。但是你和他會因為各自的口味差異而互不相讓，或者在用餐的時候，一方並不愉快，從而導致兩個人無話可說。

你看完了一部電影，覺得在你心裡是可以排進年度十大好片的電影，你迫不及待地想跟他交流和分享。但他正跟隊友一起在打電玩遊戲，根本沒空理你。

你計畫買戶外用品和他一起去登山攀岩，他覺得家門口的公園隨便跑跑就好，都是運動，沒必要使勁折騰自己。

漸漸地，你的愛好，他都不置可否。他感興趣的事，你也提不起興趣。就連爭吵，你都懶得吵了，因為吵不出結果。他每天就睡在你旁邊，但你依舊覺得自己是一個人，半夜醒來，你也不想抱他。只是盯著天花板，感覺到涼進骨頭裡的孤獨。

因為寂寞開始的戀情，大概都會這樣。

曾以為，世界上最糟糕的事就是孤獨終老，其實不是，最糟糕的是與那些讓你感到孤獨的人終老。

#

單身的女生並不是不追求愛情，相反，她們的單身是對自己的負責、對愛情的負責。她們不願意談低品質的戀愛，比如那種兩個人面面相覷，在熙鬧嚷嚷的小餐廳，各自問過口味後，就埋頭滑手機螢幕的戀愛；再比如那種工作一天回來後，像合租一樣，各自洗澡，一個隨意轉著電視，一個看著自己的 iPad，沒有交流、沒有喜惡。

她們喜歡把時間花在和姐妹聚會和豐富自己上，不願意把時間浪費給會消磨自己的不良愛情。她們相信緣分，雖然緣分這詞很老舊了，可是感情這事，誰不是在等待著緣分將那個和自己合拍的人牽到身邊呢。

在影集《宅男行不行》裡，天才謝爾頓給朋友的結婚祝福是：「人類終其一生必須找另一個人作為伴侶，這行為我始終無法理解，但我祝你們從彼此身上獲得的樂趣，跟我從自己身上獲得的一樣多。」

活得熱鬧的女孩，她愛上的人，內心一定不能是貧瘠土地。有趣的人懂得自己哄自己開心，這種開心要麼自己一個人維護，要麼找個同樣等級的愛人，讓快樂翻倍。

年輕有趣的單身者是不是「狗」，別人無權判定，他們只想找到一顆同樣披戴光環、永遠熱切飽滿的靈魂。

請你相信，好的事情總會到來，而當它來晚時，也不失為一種驚喜。

世界上詆毀你的
只有兩種人，

追不上你的男人，
和不如你的女人。

敏感型性格——

不要為敏感而感到羞恥，它是一種天賦

特語錄

過於敏感的人彷彿全身都是引爆點，
不知道扯到哪一根線就炸了。
我們需要學會的不是如何避免性格敏感帶來的傷心，
而是如何在失落中找到意義，
並且把消極轉到積極的那一面。

黃小姐又又又又又失戀了。

幾個朋友陪她在酒吧坐著，看她一杯一杯將酒灌進肚子，欲言又止，不知該勸她什麼。

黃小姐和男朋友是在朋友的婚禮上認識的。

那天他們兩個人作為伴娘和伴郎，大概是借著喜悅的氣氛和酒勁，看對方都特別順眼，於是兩人互換微信並敲好第二天的約會。

墜入愛河的黃小姐特別可怕：

和男朋友一起出去吃飯，對方多看了幾次手錶，黃小姐就以為對方不耐煩了，不想跟自己出來約會；男朋友微博關注了誰，她立刻就要把那個人的微博從頭翻到尾；男朋友隨便說一句「身材反映出一個人的自律」，她就認為對方是覺得她身材不夠好，於是天天下班回家跳減肥操；男朋友要是晚回自己的消息，她就自己一個人幻想一場場大戲：他不愛我了嗎？我哪裡讓他不滿意了？還是他身邊有了其他女孩，厭倦我了等等。

好景不長，某天黃小姐的男朋友工作特別忙，黃小姐的私訊一個接著一個，質問為什麼不回覆她的資訊。男朋友一氣之下索性關機，這下黃小姐的情緒徹底崩塌。

第二天兩人大吵一架，男朋友提出分手。可能在這段愛情裡，黃小姐愛對方多一點，所以才會自覺有些卑微，或許需要兩人更長久的相處，來增添一些彼此信任的磚瓦。

但破了洞的氣球，很快也就乾癟了。

敏感的人其實很慘的，光是活著，每天都要受一千種細小的折磨，因為有太多日常小事，會讓敏感的人感到孤獨、擔心和不自在。你永遠都不知道情緒的下一個波浪來自哪裡。

敏感的人太容易感受到不被愛了。一個事實是，不敏感的人覺得沒什麼的事，敏感的人真的很難放下。

之後很長一段時間，黃小姐會在凌晨兩三點發朋友圈，顏色晦暗的配圖和一段失落的文字。

每天想方設法從周圍朋友那裡打聽對方的消息：對方有沒有和朋友提起她？有沒有交往新的女朋友？再後來，黃小姐消失了好一陣。

再和她見面，是半年後在另一個城市。

夜晚，我和她晃蕩在到處是美食的步行街上，她猛吸一口甘蔗汁說：「親愛的，我知道自己是一個渾身都是敏感神經的人，可是我改不了，我只能慢慢接受這樣的自己，在一次次敏感裡修正自己，用一次次細小的心碎來給自己力量。」

黃小姐說這些話的時候，眼睛裡閃著微微的光芒。我替她開心，她在難過中找到了積極生活的意義。

我們需要學會的不是如何避免性格敏感帶來的傷心，而是如何在失落中找到意義，並且把消極轉到積極的那一面。一邊流淚，一邊變成更好的自己。

\#

敏感在愛情裡是難搞的問題。

一段理智的愛情，是兩個人的時候有彼此，一個人的時候有自己。

當代人的愛情是有開關的，不可能全天候泡在愛情裡。有朋友說她和男朋友是異地戀，即便很思念對方，她也沒勇氣拎著包包飛到他的城市，滿滿占據他幾天的時間。只覺得陪他一兩天已經是驚喜，時間久了，侵占他原本的工作和社交生活，就像「謀財害命」似的。

當那個人不在你身邊的時候，你可以更努力地工作、看書、聽歌、健身，你悉心照料屬於自己的這片花園，好在下一次相遇的時候，可以發現彼此都變得越來越好，直到兩個人在別人眼裡看來都發著光。那這段愛情，就是最好的愛情。

對敏感的人來說，談一場讓自己滿意的戀愛是很難的。一個敏感的人，大多數時間都不幸福，因為太過在乎。在乎在對方眼裡的自己夠不夠好、在乎今天下哪一種雨飄哪一朵雲、在乎牽手的時候太冷清，擁抱的時候不夠靠近、在乎會不會不定期失去他。

性格上的事，沒辦法說它是對是錯。

我本身也是性格敏感的人，但也正是敏感，讓我感知了更多生活的細節，能更好地體驗情緒，與別人好好溝通。

每當遇到讓我沒有安全感的事，在每一個傷感和擔心搞砸的瞬間，我就會這樣告訴自己：「沒關係，大不了就當是積累寫作素材。」事實證明，每一次心情跌落到谷底的時候，我都會用文字一點點記錄下自己每一秒的感知，回頭看，很多我喜歡的、會反覆讀的文字，都是一次又一次細小的心碎換來的。

這個過程並不愉快，更不舒服，但我必須承認，這是性格敏感帶給我的獨特財富。

不是所有敏感脆弱的人都可以做到，但心碎的確是一種獨特的力量。可能敏感脆弱的人才會明白，眼淚也是一種意義。

#

敏感的人，不光在愛情上吃虧，工作上、生活中，也會受到影響。

我在學校的時候，如果身邊要好的朋友問了其他人要不要一起去吃飯，卻沒問我，我的某根神經一定會緊繃；如果室友沒有等我一起去圖書館，我心裡肯定會暗自琢磨很久很久；如果男朋友轉發了一個我不認識女孩的微博，我也可能把對方的微博翻到底；父母無意說起同事家的孩子考上了名校，我會覺得是父母對念普通學校的我很失望。

公司之前來過一個剛剛畢業的大學生，中午一起吃飯時，大家愛開玩笑，她都很認真，比較介意，也表現出不愉快。後來慢慢的，大家就不找她逗樂了。

兩個月後快轉正職時，她突然提了辭呈，並且在辦公室委屈得大聲哭泣。一問才知道，她覺得我們在排擠她。

原因是什麼？有次早晨上班，她看到有兩個同事在離她不遠的前面走，有說有笑，她認為同事也應該注意到她。到了公司，同事開了門，等她走到門口的時候，發現門關上了，她心裡認為是同事故意不等她，但其實那兩位同事當時並不知道她在後面。大家知道了前因後果，都覺得好氣又好笑，沒想到這麼一點雞毛蒜皮的事，她都能幻想出這麼多劇情。

過於敏感的人彷彿全身都是引爆點，不知道扯到哪一根線就炸了。

我一直相信，老天給了你敏感這份獨特的天賦，一定是希望你懂得一些道理。多關注自己，少在意別人。人性一個最特別的弱點就是，在意別人如何看待自己。當你敏感、脆弱、無助的時候，就會選擇以更低姿態的方式去委曲求全，去留住可能會離開你的人，也會更在意別人對你的看法。然而回頭想想，你放低身段後，真的留下過想要的嗎？

別人隨便說的一句話，你能當真好久。這樣的人，最大的問題就是花在自己身上的時間太少，花在別人身上的精力太多。而且，其中很大一部分人，並不是你努力討好就會領情，通常只會讓你更加失落，甚至後悔不已。

其他人的看法和意見，大多都是無用的、無意義的，別把用來提升自己的時間，浪費在不重要的人和事上。多關注自己，多愛值得的人，少和無足輕重的人糾纏，生活才能好起來。

你喜歡的人說話的聲音稍微大一點，你就感到不舒服，內心戲就開始上演了：他是不是不愛你了？是不是你哪裡做得不對？其實，每個人都有控制不好語氣和態度的時候，他可能只是心情不好，只是壓力太大。

想太多，心情會生病，當你的心態控制不好，對方會感受到無形的壓力，也會變得不快樂。他不能總是幫你處理壞情緒，很多事情需要你自己去解決。你的極度敏感和患得患失，只會讓兩個人的關係更糟糕。

一個人在意的事情太多是不幸的，知道的事情太多也是不幸的，體會到太多事情更不幸。不要把太多的想法、太多的事情放進腦子裡，揉進情緒裡。

你只有一張來人間的體驗卡，別浪費在沒意義的事上，聽話。

欲望失衡症——

欲望不是拿來克制的，是應該用來激勵自己的

特語錄

生活就是用一種焦慮代替另一種焦慮，
用一種欲望代替另一種欲望的過程。
如果人喪失欲望，在生活面前幾乎等同於束手就擒。
一味地壓抑欲望，那只是活著而已。
懂得克制，也懂得適度地放縱欲望，才算好好活著。

我剛畢業那年，一個月工資不到一萬二。因為想租一間有落地窗的房子，就和同學一起開了一家網購商店，每天下班回家打包出貨。

後來因為想要換個蘋果電腦寫稿子，就拼了命地投稿，不過最後還是刷了信用卡才買到電腦。

……

這些年，從手機到相機，從包包到鞋子，從重慶的火鍋到巴黎的西餐，我在「欲望清單」上列的東西，從來只增不減。

有時候我覺得自己是個很俗氣的人，太少談到理想。一生所求，不過是能買得起喜歡的衣服、鞋子和包包、能買得起想要的家常日用、能去得起想去的地方、能過得上想要的生活。

偶爾我擔心自己會被欲望吞噬，填不滿黑洞，迷失了自己。

可是沒辦法，我們這一代人是被欲望裹挾著長大的一代。從來不羞於承認自己想要的東西太多，也不怨懟自己不是與生俱來樣樣都有。我想做的，是花費時間和心力去得到想要的所有。

沒有人能夠一直「保持亢奮」，這才需要適當的物質獎勵，帶來催人向上的前進動力。小小的金錢符號於很多人而言，是生活會越來越好的希望，是能夠透過自己的努力獲得更多的底氣。

我認識一個女孩子，念書的時候，無論是相貌、才藝還是成績，都算是佼佼者。因為私交不多，慢慢也就沒有了她的消息。去年年底在同學會上見到她，她帶著兩歲的孩子一起來，倒是讓我們都很驚訝。聚會的時候，大家難免催促我們幾個大齡未嫁女青年。她便搭話說：「以前我也是汲汲營營拼命想往花花世界擠一擠，不過女人活得那麼累幹什麼，只會老得更快。」

再後來從別人那裡聽說，她在大城市工作了半年便回老家，找了一份文書工作，結婚生子後過著大多數人認為的「正常」生活。她的薪水只需要讓自己吃得飽，別的開銷，車子、房子、孩子教育、旅遊，大半都由老公和兩方父母來給。

每個人都有選擇自己人生的權利，我們不批判任何一種。講到她是因為後來朋友問我，想過這樣的人生嗎？就是作為一個女孩，不用自己頂著很多壓力的人生。

「想。」我這樣回答。

有的人，因為不想承受生活的折磨，而選擇忘記自己的欲望。而有的人，不得不學會努力為自己的欲望買單。

誰不喜歡沒有壓力、輕鬆快意的人生呢。可是很閒的生活對我來說，終歸是太單薄了，撐不起漫長的人生。我想要的太多了，多到我必須頭頂很多壓力才能得到，並且我願意。

要正視自己的野心和欲望，選擇出最想要的、最適合的、最值得爭取的，並以此為前進的動力。選擇什麼樣的生活其實只在於自己，而任何一種選擇都要付出代價，只是要看自己願意付出哪種而已。

所有的決定，到頭來並非真正選擇了哪一種幸福，更像是選擇了寧願受哪一種苦。

欲望不是拿來克制的，是應該拿來選擇的。不是所有的欲望都叫虛榮。一味地壓抑欲望，那只是活著而已。懂得克制，也懂得適度地放縱欲望，才算好好活著。

#

臨近表妹生日，我在專櫃挑口紅打算給她做為生日禮物，試色的時候，突然想起幾年前的一件事。

大四那年我被學校分到電視臺剪輯部門實習，一同被分來的還有許同學，這讓原本沒什麼交集的我倆慢慢熟絡起來。耶誕節那天，我們結束一天的實習工作從電視臺裡出來，並沒有直接搭公車回學校，而是去商場裡感受一下節日的熱鬧。

許同學看好一條絨毛裙子，雖說是絨毛，但觸感柔軟，腰部搭配頗有女人味的蕾絲邊，格子圖案透著濃濃英倫風。我記得那條裙子兩千八百元，許同學在付錢的時候氣定神閒，毫不猶豫。

聽說許同學找了個富二代男友，同學們只見過來學校門口接她的豪華轎車，從沒見過她男友本人。

後來許同學搬了出去，偶爾回宿舍拿點東西就走，室友是見不到她人的，只是看到被翻找過的衣櫃，就知道她回來過。許同學讓我幫她跟組長請假的次數越來越多，片子從來不剪，實習作業也有幾次是我幫她完成的。

臨近畢業的時候，有次我去圖書館整理個人面試資料。回宿舍的路上，路過排球場時碰見雙眼哭得通紅的許同學。她說自己出於好奇查看了男友的手機，才發現自己不過是男友的眾多女朋友之一。她拿著手機質問男友，沒想到男友奪過手機，大聲呵斥她偷看自己手機，沒有一點愧疚，更沒有一句解釋。

許同學哭得聲嘶力竭提出分手，男友冷笑，甩下一句：「帶著你的東西快點滾。」

沒過幾天，我陪許同學去男友家收拾私人物品。房間寬敞整潔，窗外花園搖椅，我大概理解了她為何急不可耐地搬出宿舍了。許同學收拾得很慢，我看到她眼睛裡噙著淚水。

這淚水或許是因為她對那奢華的洋房、愜意的花園和貴重的衣物的不捨，又或是哭一哭這段遇人不淑的戀愛。

這是個很好的時代，它給了我們更多開啟未來的機會；這也是個很壞的時代，處處充滿誘惑，讓人迷失在燈紅酒綠中，誤以為自己如此好命，不必向上攀爬，就已經輕鬆獲得了天堂般的生活，誤以為自己比別人更「聰明」地找到了捷徑。

可是，當有一天看似美妙的泡沫被戳破，你會從高空迅速墜落，摔得粉身碎骨。

錯覺終歸是錯覺，僥倖得到的東西，不會真是屬於你的。

所有的誘惑與美好，背後都深深隱藏著代價。

只有對金錢採用正當的獲取方式，才能長久維持那份乾淨的財富，才可以不必誠惶誠恐。

#

我看過這樣一段話，正好可以藉以慰藉那些失落的欲望：

如今這個時代，你絕不會只因為一分努力，就能在精品店裡隨便刷卡；也不會因為兩分的努力，就能體面生活在豪宅裡；你只有拿出十二分的努力，才有可能在這裡過上理想的生活。城市的每個夜晚，都有人在哭泣。未曾哭過長夜的人，不足以談人生。

好好工作吧，這是所有並非天生公主命的女孩，成為公主的最快捷也最實際的方式。

哪個女孩沒做過「會有一個人出現，讓我免於驚擾、四下流離、無枝可依」的公主夢？

只可惜，蓋世英雄太少，蓋世人渣倒是很多。

沒有人不嚮往美好的生活，各色裙裝、全套色號口紅、雙肩包、手提包、錢包，款款一樣不少。

對一個女孩來說，她的生活、愛情，都應當是自己奮鬥來的。

總有人問，為什麼現在很多年輕人願意到國外打拼，明知要吃遠離親人的異鄉苦，也仍然義無反顧？我搜了搜，網路上有一條多人按讚的回答這樣說：在這裡，沒有人會對我的欲望指指點點。

欲望是內心深處最真實的渴求，能承受，就迎著它走過去，拼了命去為它買單。如果不能，那就轉身退回來。不丟臉，不可悲，更不需要矯情。選擇哪一種，都是你的自由。

人生永遠是苦樂參半，沒有兩全的。

年輕時，你為自己所做的選擇，會影響到你將如何度過以後的每一天、每一月、每一年，更重要的是，它會滲透在你的性格裡，悄然改寫你的命運走向。這影響是潛在的，卻也是終生的。

富能量 0HDC0015

你並非一無所有：
你還有病及未拆的快遞和未完的夢想

作　　者：萬特特
責任編輯：林麗文
封面設計：@Bianco_Tsai
內頁設計：@Bianco_Tsai
內文排版：王氏研創藝術有限公司

總 編 輯：林麗文
主　　編：林宥彤、高佩琳、賴秉薇、蕭歆儀
執行編輯：林靜莉
行銷總監：祝子慧
行銷企劃：林彥伶

出　　版：幸福文化出版社／遠足文化事業股份有限公司
地　　址：231 新北市新店區民權路 108-1 號 8 樓
網　　址：https://www.facebook.com/happinessbookrep/
電　　話：（02）2218-1417
傳　　真：（02）2218-8057

發　　行：遠足文化事業股份有限公司(讀書共和國集團)
地　　址：231 新北市新店區民權路 108-2 號 9 樓
電　　話：（02）2218-1417
傳　　真：（02）2218-1142
電　　郵：service@bookrep.com.tw
郵撥帳號：19504465
客服電話：0800-221-029
網　　址：www.bookrep.com.tw

法律顧問：華洋法律事務所 蘇文生律師
印　　刷：通南印刷
初版 1 刷：2021 年 05 月
初版 12 刷：2024 年 07 月
定　　價：360 元

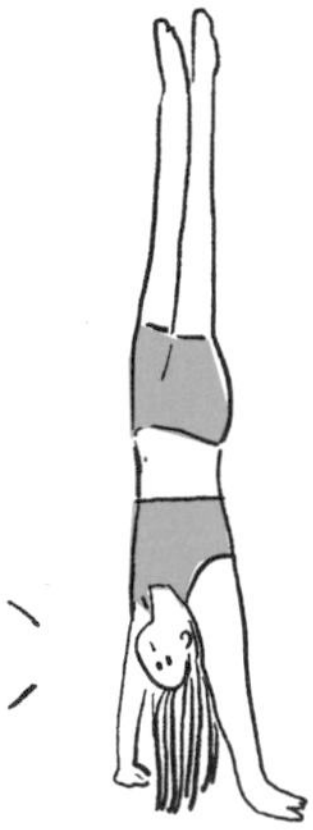

國家圖書館出版品預行編目 (CIP) 資料
你並非一無所有 / 萬特特著 . -- 初版 . -- 新北市：幸福文化出版社出版：遠足文化事業股份有限公司發行，2021.05
　面；　公分
ISBN 978-986-5536-49-7(平裝)
1. 人生哲學
191.9　　　　110004214